Karadzic: Die Schande Europas

W0069464

ECON Sachbuch

Zum Buch

Er geht bis zum Letzten. Er faselt von der »rassischen Überlegenheit« seines Volkes und will einen »ethnisch reinen« serbischen Staat. Seine Parole lautet: »Sieg oder Tod«. Die Bilanz: 200.000 Tote, die meisten davon Zivilisten, vier Millionen Menschen auf der Flucht, Massenvergewaltigungen, sadistische Hinrichtungen und Folterungen, Internierungslager, belagerte, ausgehungerte, überrannte UN-Schutzzonen. Radovan Karadzic, Schuhmachersohn aus den montenegrinischen Bergen, ist der Anführer der bosnischen Serben und der Paria der Weltgemeinschaft. Entsetzlichen Greueltaten sieht er ungerührt zu, immer wieder bricht er internationales Recht und gibt Uno und Nato in noch nie dagewesener Form der Lächerlichkeit preis. Deutschland beschimpft er als das »vierte Reich«, dem Westen droht er bei Einmischung mit Krieg. Doch während die internationale Presse Karadzic als »Missionar des Hasses« und »Schlächter des Balkans« verteufelt, steht die Serbisch-Ortodoxe Kirche fest hinter ihm - im Kampf gegen die Muslime.
Größenwahnsinniger oder kühler Stratege? Kriegsverbrecher oder künftiger Partner am Verhandlungstisch? Wer und was ist Radovan Karadzic? Eine hochbrisante Studie von Peter Köpf.

Der Autor

Peter Köpf, Jahrgang 1960, studierte in München Politik- und Kommunikationswissenschaften sowie Neuere Deutsche Literatur. Von 1984 bis 1992 arbeitete er bei der Abendzeitung, München, in den Ressorts Politik und Reportage, von 1992 bis 1994 als Fernsehredakteur. Seither lebt er als freier Autor in Berlin. Er hat bereits mehrere Sachbücher veröffentlicht, unter anderem zu den Themen Scientology, Osteuropa, Sinti und Roma sowie Asylrecht. Zuletzt erschienen: »Schreiben nach jeder Richtung. Goebbels-Propagandisten in der westdeutschen Nachkriegspresse«.

Peter Köpf

Karadzic:
Die Schande Europas

ECON Taschenbuch Verlag

Dieses Buch ist gedruckt auf 100% Recyclingpapier.

Originalausgabe

© 1995 by ECON Taschenbuch Verlag GmbH, Düsseldorf

Umschlaggestaltung: Molesch/Niedertubbesing, Bielefeld
Titelabbildung: dpa
Fotos: dpa
Lektorat: Julia Bauer
Konzeption und Realisation: Christine Proske (Ariadne Buchproduktion)
Graphiken: Design-Studio Fleischer, München
Herstellung: H + G Lidl, München
Satz: Satz & Repro Grieb, München
Druck und Bindearbeiten: Ebner Ulm
Printed in Germany
ISBN 3-612-26126-6

Inhalt

1. Der neue Gavrilo Princip?

Mehr als 200.000 Menschen, davon 80 Prozent Zivilisten, starben bisher in dem Gemetzel um das umstrittene Erbe Jugoslawiens. Zweieinhalb Millionen verloren ihre Häuser, ihre Heimat, ihre Nachbarn und ihre Freunde. Was die Welt schockierte, waren Berichte über massenhafte Vergewaltigungen, sadistische, oft tödliche Folterungen an Zivilisten und Massenhinrichtungen, die in ihrer Gnadenlosigkeit an diejenigen der deutschen Nationalsozialisten in den Konzentrationslagern erinnerten.

Schuld daran trugen die Serben. Da war sich die bundesdeutsche Presse einig, von der *taz* bis zu *Bild*, von der *Frankfurter Rundschau* bis zur *Welt*. Die Serben, so die einmütige Beurteilung der deutschen Medien, ließen das Pulverfaß Balkan erneut explodieren. Der schlimmste von denen, die die Lunte legten: Radovan Karadzic, Präsident der selbsternannten »Republika Srpska« in Bosnien-Herzegowina. Spätestens seit er Soldaten der Schutztruppe der Vereinten Nationen (UN) als lebende Schutzschilde gegen Luftangriffe der Nato vor strategischen Zielen anketten ließ, wurde er endgültig zum Paria der Weltgemeinschaft, ein Zündler, ein Verrückter, ein Völkermörder, der Teufel vom Balkan. »Ich bin nicht nur geboren, um Blut zu pflanzen, sondern auch, um Feuer zu legen, zu töten und alles zu Staub zu machen.« So zitierte die *Bild am Sonntag* den Serbenführer Radovan Karadzic schon im April 1993. Und für die, die es noch nicht verstanden hatten, setzte das Blatt noch das Wort eines ehemaligen Kollegen drauf: »Dieser Mann ist für mich der Nachfolger Hitlers.«[1] Die Kollegen von der *Welt* wollten da nicht nachstehen.

Sie gaben Karadzic in einem Bericht ihres Auslandsdienstes aus London den Titel »Schlächter vom Balkan«[2]; *Der Spiegel* nannte ihn »größenwahnsinnig«.[3] Karadzic, da war sich alle Welt einig, mußte eine Lektion erteilt bekommen. Der *Bayernkurier* hatte schon 1993 unverblümt gefordert: »Die Entscheidung muß fallen« mit dem Untertitel: »Entweder durch Vernunft oder Bomben.«[4] Bomben, das war bei allen zwischen den Zeilen zu lesen, wären die bevorzugte Lösung gewesen. Doch die Welt wählte die Vernunft. Sie konnte und kann bis heute nicht anders. Karadzic triumphierte – und mit ihm das Böse.

An Karadzic haben sich die internationalen Vermittler die Zähne ausgebissen. Der heftige Streit über geeignete Maßnahmen, ihn in seinem Streben nach Lebensraum für seine bosnischen Serben zu stoppen, hält bis heute an. Nach dem Angriff auf die von Uno-Soldaten geschützte und überwiegend von Muslimen bewohnte Stadt Srebrenica in Ostbosnien blieben der Welt zwei Optionen, die eigentlich gar keine waren: Krieg oder »mit eingekniffenem Schwanz« aufgeben? Letzteres wollte der französische Ministerpräsident Alain Juppe auf keinen Fall. Aber wer wollte wirklich einen internationalen Krieg wegen der Enklaven Srebrenica und Zepa gegen Karadzic führen?

Alle Überlegungen von zuvor standen nicht mehr zur Debatte. In Amerika, später auch zunehmend in Deutschland spielte man mit dem Gedanken, die Muslime zu bewaffnen. Doch das hätte den Krieg in Bosnien nur verlängert, verschärft und ausgeweitet. Schwere Waffen an die Bosniaken zu liefern, hätte Karadzic dazu veranlaßt, seine Tschetniks in die Uno-Depots zu schicken, um sich ihre dort sichergestellten Geschütze wiederzuholen. Auch Belgrad hätte sich dann wohl gezwungen gesehen, sich wieder auf Karadzic' Seite zu stellen. Sarajevo wäre vollends im Schutt begraben worden und zahlreiche Uno-Blauhelme möglicherweise unter serbischen Vergeltungsschlägen gestorben. Auch stand zu befürchten, daß schließlich Moskau doch wieder Waffen geliefert hätte, an die bedrängten serbischen Brüder. »Die aktuelle Situation erinnert stark an die Ereignisse, die sich vor Beginn des Ersten Weltkrieges zugetragen haben«, meinte Rußlands Außenminister Andrej Kosyrew im Sommer 1994. Mit der Androhung von Luftangriffen gegen serbische Stellungen war er nicht einverstanden. Falls Rußland und die USA in dieser Frage nicht übereinkämen, entstünde die Gefahr einer internationalen Konfrontation bis hin zu einem Weltkrieg«.[5]

Nach dem Überfall der serbischen Truppen auf Srebrenica stritten die Verantwortlichen für den Uno-Einsatz heftiger denn je. Vollständiger Rückzug aller Blauhelme und damit die Anerkennung der Serben als Sieger war die Option der einen, »Losschlagen jetzt« tönten die anderen. Vor allem die Franzosen befürworteten einen Kampfeinsatz. Srebrenica müsse den Serben durch die Schnelle Eingreiftruppe wieder entrissen werden, dröhnte der neue Präsident Jacques Chirac. Die mögliche Konsequenz: Die ganze Welt könnte in einen Krieg um das aufgelöste Jugoslawien verwickelt werden, und die Schuld daran trüge Radovan Karadzic.

Ein Wahnsinniger aus einem kleinen Bergdorf als Verursacher des Dritten Weltkrieges? Ist Radovan Karadzic die bosnische Inkarnation von Gavrilo Princip, der für die Serben einen Nationalhelden darstellt und für den Rest der Welt schlicht einen Terroristen? »Vereinigung oder Tod« lautete 1914 die Parole der großserbischen Bewegung »Junges Bosnien«. Ihr Ziel bestand darin, alle Südslawen unter serbischer Führung zu vereinigen. Princip war ein Teil dieser Bewegung. 1914, zwei Tage vor seinem 20. Geburtstag, erschoß er in Sarajevo den österreichischen Thronfolger und lieferte damit den Deutschen einen Vorwand, den Ersten Weltkrieg zu beginnen.

Princips politische Führer hatten 1916 während der Planungen für einen zukünftigen Südslawen-Staat angekündigt, wer sich in Bosnien nicht binnen 48 Stunden taufen lasse und damit zum Glauben seiner Vorväter zurückkehre, der werde abgeschlachtet.[6] Karadzic, der heutige »Schlächter vom Balkan«, will nun alle Serben und die von ihnen bewohnten Gebiete in einen Staat zwängen. »Vereinigung oder Tod« könnte seine Maxime lauten. Er verehrt den jugendlichen Attentäter von einst als »Bruder, Ahnherrn und Gott«.[7] Sarajevo will er in Principovo umtaufen.

2. Karadzic privat:
Bauernschlauer Nervenarzt

»Der Montenegriner ist ein Mensch, der immer gern bis zum Letzten geht, im Guten wie im Bösen«, charakterisierte ihn der Schriftsteller Marko Vesovic leicht rassistisch in der Hamburger Wochenzeitung *Die Woche*. Vesovic ist selbst Montenegriner, ebenso wie der, den er in diese Schublade steckte: Radovan Karadzic, Führer der Serben in Bosnien. »Wenn ein Montenegriner die Moral beiseite legt, sich auf die ›Straße der Hunde‹ begibt, weiß man nie, wie weit er damit kommt. Es ist ihm eine Ehrensache, das zu wagen, was noch ›kein Sohn seiner Mutter je gewagt hat‹, sei es nun als Held, als Räuber, als Lügner oder als Halsabschneider.«[1] Karadzic wagte alles auf einmal. Für die einen machte ihn das zum Helden, für die anderen, die Mehrzahl, zum Räuber, Lügner und Halsabschneider.

Sein ziviler Aufstieg begann ebenso wie der zum Serbenführer mit einer Lüge: Der, angeblich ein Serbe zu sein. Geboren wurde er am 19. Juni 1945 im Durmitrogebirge, im montenegrinischen Petnici. Sein Vater war Bauer und Schuhmacher. Als der Sohn das 15. Lebensjahr erreicht hatte, zogen seine Eltern nach Sarajevo. Er ging in eine höhere Schule und studierte Medizin. Als Psychiater arbeitete er im Krankenhaus von Sarajevo und in einer eigenen Praxis. »Ein ganz normaler, unauffälliger Typ«, erinnert sich ein Kollege. Neurosen und Depressionen sollen seine Spezialgebiete gewesen sein.[2]

Ob sich der Bauernsohn wohlfühlte in der vielschichtigen, multikulturellen Großstadt Sarajevo? Wahrscheinlich nicht, denn: »In Bosnien zahlt es sich (…) nicht aus, Montenegriner zu sein. Es gibt hier nämlich Serben, Kroaten, Bosniaken (Muslime) – und die anderen. Es bringt nichts, zu den ›anderen‹ zu gehören.« Also, erinnert sich Vesovic, habe sich Karadzic »als Serbe inskribiert«, und von da an »kam plötzlich alles in Fluß: Geld, Macht, Ruhm und schließlich Blut«.[3]

Geld machte Karadzic mit seiner offenbar in der Kindheit geschulten Bauernschläue bei jeder sich bietenden Gelegenheit. Rauben und Plündern sei in Montenegro schon immer eine durchaus anständige Art der Eigentumsvermehrung gewesen, so erläutert Vesovic das charakterbildende Umfeld Karadzic'. »Es war ein kleines, felsiges Land, bewohnt von freien Männern und umgeben vom reichen türkischen Imperium. Man ging über die Grenze und kehrte mit ein paar Tausend Schafen wieder heim. Der Türke war schließlich der Erbfeind, ihn zu berauben und zu töten war gewiß keine Sünde.«[4]

Geld zu »organisieren«, stellte auch für Karadzic nichts Ehrenrühriges dar. Fast zwei Jahre saß er in Untersuchungshaft, weil er Staatsgelder unterschlagen haben sollte. Eine Verschwörung muslimischer Kommunisten sei das gewesen, verteidigte er sich, als er Serbenführer geworden war.[5] Der Psychiater hatte es sogar verstanden, sich halblegal Agrarsubventionen unter den Nagel zu reißen, indem er in Pale eine Hühnerzucht betrieb.

Ein »intelligenter Bauer, der sofort gelernt hatte, wie man sich in der Stadt zurechtfindet«. Auch aus legalen Quellen schöpfte er reichlich Geldmittel. Neben seiner psychiatrischen Tätigkeit betreute er in der Freizeit als offizieller Arzt das Fußballteam von Sarajevo, ein gutbezahlter Nebenjob. Doch erst im Krieg sei, so Vesovic, in Karadzic die »unstillbare Gier seiner Vorfahren wiedererwacht, für die Raub der wichtigste Wirtschaftszweig war«.[6]

Doch der Geschäftsmann mit dem Blick eines Bernhardiners verfügt auch über eine weiche Seite. Als Autor von fünf

Siegessicherer Schattenspieler: Radovan Karadzic liebt die großen Posen.

Gedichtbänden erlangte Karadzic einigen Ruhm. Der erste hieß »Ludo koplje« (Verrückte Lanze). Kunstvolle Lyrik? *Bild am Sonntag* nannte es »Poesie des Bösen« und druckte die Übersetzung eines Gedichts nach:

13

»Ich habe mich vom Guten abgewendet
brenne wie eine Zigarette auf
meinen neurotischen Lippen.
Von allen fertiggemacht
warte ich in der
Morgendämmerung auf
meine große Stunde.
Endlich werde ich die
Morgenbombe werfen und
man wird nur noch das
Lachen eines launischen
einsamen Mannes hören.«[7]

Bis zum Abwurf der Morgenbombe blieb noch etwas Zeit. Zeit für die Entwicklung der künstlerischen Talente. Karadzic soll das serbische Nationalinstrument, die Guzla, hinge-bungsvoll zu streichen verstehen. Dies hat Bedeutung für die Serben, denn diese Begabung, so heißt es, vererbe sich. Vater-ländische wie künstlerische Gene soll Radovan Karadzic von seinem Namensvetter Vuk Karadzic, geerbt haben, der im vergangenen Jahrhundert die serbische Sprache und Litera-tur reformierte. Er gilt als einer der Gründerväter der serbi-schen Nation, und er hat eine kleine Vertiefung am Kinn, ein Grübchen. Auf dieses Detail der Physiognomie des großen Serben Vuk Karadzic verwies Radovan Karadzic in einer BBC-Dokumentation besonders eindringlich, denn er, der angeb-liche Nachfahre des großen serbischen Dichters, trägt das Zeichen auch.[8]

Roulette, darauf verwiesen deutsche Journalisten anzüg-lich, soll er ebenfalls gern spielen.[9] Ob er dabei Glück hatte, weiß man nicht. Sein privates Glück jedenfalls scheint durch-aus zweifelhaft zu sein. Karadzic ist verheiratet, hat eine Toch-ter, die zu seiner Pressesprecherin avancierte, und einen Sohn, der gern und oft in einem Sportwagen durch das Land braust. Liljana Karadzic, seine Frau, ist offenbar eine resolute Person. Sein ganzes Leben lang habe sich Karadzic von ihr herumkommandieren lassen, sie habe ihn sogar öffentlich geohrfeigt. Ein »Waschlappen«, schlußfolgert Marko Vesovic. Ausgerechnet dieser Mann also wurde Führer der Serben in Bosnien und erhielt das, was ihm neben Geld und Ruhm noch fehlte: Macht.

3. Auf der Straße der Hunde: Karadzic' Griff zum Messer

»Wenn im Balkan-Wirtshaus die Lichter ausgehen, greifen die Gäste zum Messer«, schrieb der kroatische Schriftsteller Miroslav Krleza.[1] 1990 gingen dort die Lichter aus, und Karadzic hatte seine Lehre aus der serbischen Geschichte gezogen. Wer sich verteidigen wollte, mußte das Messer ziehen und zwar rasch. Diesmal sollten die Serben schneller sein. Sie mußten den Gegner vertreiben oder gar töten, um vor ihm sicher zu sein, und seine Häuser zerstören, um ihm eine Rückkehr unmöglich zu machen. Karadzic' Soldaten leisteten in Bosnien, der Herzegowina und in Slawonien ganze Arbeit.

Alle Seiten, bemerkte der langjährige Jugoslawien-Korrespondent Wolfgang Libal in der *Zeit*, verübten Kriegsverbrechen. Die Serben aber »benutzen Massaker, Vertreibung und die Erniedrigung des Gegners gezielt als Mittel der Kriegsführung«.[2]

Die Dunkelheit gebracht haben nach Ansicht von Karadzic die Kroaten und die Slowenen mit der Zerstörung Jugoslawiens sowie die Muslime in Bosnien-Herzegowina, die seine Serben zu einer Minderheit in einem »fundamentalistischen Staat« mitten in Europa machen wollten. »Wir waren erschrocken«, erinnerte sich Radovan Karadzic, »als sich die Koalition von Muslimen und Kroaten bildete, die schon im Zweiten Weltkrieg gemeinsam Serben abschlachtete.«[3] Und so entschied sich der Psychiater und Dichter 1990, Politiker zu werden, um das Verderben von sich und seinen Serben abzuwenden. Er gründete die Serbische Demokratische Partei (SDS) mit. Wenig später übernahm Karadzic, dem durchaus eine »charismatische« Wirkung auf sein Volk bescheinigt wird,[4] deren Vorsitz.

Darf man dem in Sarajevo lebenden Schriftsteller Marko Vesovic glauben, so wurde Karadzic regelrecht zur Führerfigur aufgebaut. Der Historiker Milorad Ekmecic, das »Hirn der Partei von Karadzic«, habe in seiner Bücherei in Sarajevo auffällig viele Bücher über Hitler und Stalin hinterlassen. Darin seien vorzugsweise Stellen angestrichen zu der Frage, wie man einen Führer aufbaue. Ekmecic habe nach diesen Vorlagen Radovan Karadzic geschaffen, als »Homunkulus im nazi-serbischen Reagenzglas«, so Marko Vesovic.[5] Ein neuer Mythos im legendenreichen Serbien? Karadzic hat keine kommunistische Biographie, er ist nie Mitglied in Titos Partei gewesen. Stattdessen neigt er zu extremem Nationalismus.

Ende des Jahres 1990 zog er als einer von 72 serbischen Abgeordneten (34 in der Kammer der Bürger und 38 in der Kammer der Gemeinden) in die bosnische Nationalversammlung ein. Dort bildete seine Fraktion nach der moslemischen Demokratischen Aktion (SDA, 41 und 45 Sitze) von Alija Izetbegovic die zweitstärkste Kraft. Je zwei Vertreter der drei Volksgruppen formierten sich im Präsidium zu einer »pannationalen Koalition«. Schon damals formulierte der erste Tschetnik des postkommunistischen Jugoslawien das »legitime Recht« aller Serben, in einem Staat zusammenzuleben. Das gelte auch für die 1,3 Millionen Serben in Bosnien und die 600.000 in Kroatien, selbst im Falle, daß Jugoslawien auseinanderbreche. Das Gespenst Großserbien ging um, in Bosnien wie in der Krajina, wo in einigen Gemeinden mehr Serben lebten als Kroaten.

Alte Ängste aus der Zeit um 1941 wurden mit neuen Bildern wiedererweckt. Karadzic und seine nationalistischen Kollegen der anderen Bevölkerungsgruppen machten sich die Rückkehr der Greuel in den Köpfen der Bosnier zunutze. Systematisch aufgebaut worden war dieser serbische Nationalismus in Belgrad, ausgerechnet in der Akademie der Wissen-

Serben in Kroatien
(Volkszählung 1991)

	Einwohner	Serben	Kroaten
Region Knin			
Benkovac	33.079	57,4%	40,6%
Donji Lapac	8.049	97,4%	0,5%
Gracac	11.060	82,3%	14,0%
Knin	42.337	88,6%	8,6%
Obrovac	11.442	65,9%	32,2%
Titova Korenica	11.307	75,8%	16,8%
Region Banija/Kordun			
Dvor	14.636	85,6%	9,5%
Glina	22.997	60,5%	35,0%
Kostajnica	14.838	62,4%	28,5%
Petrinja	35.622	44,9%	44,2%
Vojnic	8.190	90,6%	1,2%
Vrginmost	16.535	70,6%	24,4%
Slawonien gesamt	1.256.424	15,9%	72,7%
ausgewählte Städte/Gemeinden:			
Osijek	164.577	20,0%	66,6%
Pakrac	27.288	46,4%	36,0%
Vinkovci	98.484	13,0%	80,0%
Vukovar	84.024	37,4%	43,7%

schaften und Künste. An der Formulierung des sogenannten SANU-Memorandums von 1986 beteiligte sich auch der Romancier und spätere restjugoslawische Präsident Dobrica Cosic. Es ist – nach Meinung des Schweizer Autors Arnold Künzli – ein »Manifest eines völkischen Groß-Serbentums«. Ähnlich wie die Nationalsozialisten begründeten nach Künzli auch die Serben ihren Imperialismus mit einer angeblichen, brutalen Verfolgung der serbischen Minderheiten außerhalb Serbiens. Im Kosovo, so das Memorandum, finde sogar ein Genozid an den Serben statt, der Krieg würde ihnen aufgezwungen. »Das serbische Volk kann nicht friedlich seiner Zukunft in einer solchen Ungewißheit entgegensehen.« Gleichzeitig meldete das Papier damals schon territoriale Ansprüche an: »Es ist das geschichtliche und demokratische Recht des serbischen Volkes, seine volle nationale und kulturelle Integrität zu etablieren, gleich, in welcher Republik oder autonomen Provinz diese Serben leben.« Würde dem nicht entsprochen, so könne es zu einer »dramatischen Manifestation der serbischen Sensibilität des serbischen Volkes« kommen, die leicht »entflammbar« sei.[6] Drei Jahre später entfachte der Kommunist Slobodan Milosevic mit den Gedanken dieses Papiers das Feuer und nutzte es für seinen Aufstieg als national(istisch)er Politiker. Die Demonstration von zwei Millionen Serben auf dem Kosovo Polje (Amselfeld) geriet zum Fanal großserbischen Strebens. Paranoide serbische Ängste bedrohten den Frieden auf dem Balkan.

Auch der Schriftsteller Karadzic kannte mit großer Wahrscheinlichkeit dieses Memorandum. Und er wird ihm zugestimmt haben. Denn auch er fühlte sich im mehrheitlich muslimischen Sarajevo verfolgt. Seine Frau sagte einmal, er habe wegen seines Serbentums nicht Chefarzt werden dürfen. Jetzt fühlte er sich akut bedroht. Wenn sich die Serben nicht schützten, so Karadzic' Paranoia, dann komme die Ustascha wieder. Was das bedeutet, wußten die Kinder und Enkel der alten Tschetniks. Diese hatten ihren Nachkommen von den Untaten der Faschisten erzählt. Schon im September 1991 erklärten die Serben in der Herzegowina in Trebinje ein »Serbisches Autonomes Gebiet der Bosnischen Krajina« als »untrennbaren Bestandteil des föderalen Jugoslawien«. Weitere solcher kleinster autonomer Gebiete entstanden in der Folgezeit. Der Muslimführer Alija Izetbegovic, der als höchster Repräsentant der größten Bevölkerungsgruppe in Bosnien-Herzegowina einen Staat in den bestehenden Grenzen erhalten wollte, warnte die Serben vor derartigen sezessionistischen Tendenzen. Dies sei der direkte Weg in den Krieg.[7]

Schon zu dieser Zeit gab es angeblich Gespräche zwischen Milosevic, Karadzic und Abgesandten des kroatischen Präsidenten Franjo Tudjman, in denen sich die Parteien darüber berieten, wie sie Bosnien-Herzegowina untereinander aufteilen könnten. Die vorwiegend kroatisch besiedelte West-Herzegowina sollte an Kroatien gehen, der Rest an Karadzic' Serben. Ähnliche Teilungsüberlegungen hatte es schon einmal gegeben, Ende des 19. Jahrhunderts. Als die Serben schließlich Ansprüche auf ganz Bosnien anmeldeten, annektierte die Monarchie 1908 das Land. Die Idee des Ungarn Benjamin Kallay – bis 1903 Gouverneur in Bosnien –, in allen drei Bevölkerungsgruppen ein bosnisches Nationalbewußtsein zu erzeugen, war zunächst fehlgeschlagen.

15. Oktober 1991: Bosnien-Herzegowina wird unteilbar und souverän

Nach den Parlamentswahlen wählte das Staatspräsidium Alija Izetbegovic zum Vorsitzenden und damit zum Präsidenten der Republik Bosnien-Herzegowina. Einer der Abgeordneten war Radovan Karadzic. Noch hob er sich nicht erkennbar als Führer von der Abgeordnetengruppe der Serben ab. Unter den Serben herrschte Einigkeit über das politische Ziel: Jugoslawien unter Einschluß Bosnien-Herzegowinas oder Anschluß aller serbischen Gebiete an Belgrad. Als serbische Gebiete galten die, in denen Serben wohnten. Als das Parlament ein »Memorandum über die Souveränität und Unteilbarkeit der Republik« verabschiedete, verweigerten die serbischen Abgeordneten ihre Stimme. Sie wollten keinen Staat, in dem sie nur eine Minderheit darstellten. Es gab auch Serben, die weiter mit Muslimen und Kroaten zusammenleben wollten, doch die nationalistischen und sezessionistischen Stimmen waren erheblich lauter.

Am 15. Oktober 1991 erklärte sich Bosnien-Herzegowina – ohne serbische Beteiligung – für souverän. In diesen Herbsttagen setzte sich Radovan Karadzic endgültig als Serbenführer durch. Er beantwortete das Memorandum neun Tage später mit der Bildung eines eigenen »Parlaments« der Serben in Bosnien. Es ging aus der »Versammlung des serbischen Volkes in Bosnien-Herzegowina« hervor, die 1991 gegründet worden war. Das Ziel bestand von Beginn an in der Schaffung eines serbischen Staates auf dem Boden Bosnien-Herzegowinas. Unter dem Dach der Serbischen Demokratischen Partei (SDS) entstanden sieben »autonome serbische Gebiete«. Bei einer von Karadzic inszenierten Volksabstimmung sprachen sich im November 1991 fast alle Serben in Bosnien für die Gründung eines serbischen Staates mit Serbien, Montenegro und den »autonomen Gebieten« in Bosnien und Kroatien aus. Izetbegovic erklärte diese Volksabstimmung von vornherein für illegal.

Karadzic' Parlament bestand aus 81 Mitgliedern. Sie waren nicht durch Wahlen bestimmt worden, sondern Funktionsträger: Bürgermeister, Ortsvorsitzende der Partei und Leiter bedeutender landwirtschaftlicher Kooperativen. Die meisten entstammten der SDS. Einige gehörten auch der Radikalen Partei des Nationalistenführers Vojislav Seselj an. Radovan Karadzic wurde zum Präsidenten ernannt. Als »Regierungssitz« wählte er zunächst die einzige Stadt mit serbischer Mehrheit, Banja Luka.

Zweieinhalb Wochen später bestätigten die serbischen Bewohner Karadzic' Ziele: In einem Referendum sprachen sie sich für einen gemeinsamen Staat mit Montenegro und der »Serbischen Republik Krajina« aus. Nun, keine zwei Jahre nach seinem Einstieg in die Politik, hatte der Homunkulus das erlangt, was ihm neben Geld und Ruhm noch gefehlt hatte: Radovan Karadzic, der Sohn eines montenegrinischen Bauern, war an der Macht. Seine Eltern und sein geistiger Erzeuger Professor Ekmecic konnten gleichermaßen stolz sein auf ihr Produkt.

Die »Serbische Republik in Bosnien-Herzegowina«

Bewaffnete Auseinandersetzungen zwischen den Volksgruppen nahmen zu, und auch abseits der Frontlinien wurde in den Städten und Gemeinden gekämpft. In den von Karadzic beanspruchten Regionen ersetzten seine Helfer ihm mißliebige Personen in Ämtern und staatlichen Unternehmen durch loyale, die seine Machtsphäre in jedem Fall sicherten. Am 9. Januar 1992 schuf sich der Serbenführer gleich noch seinen eigenen Staat, die »Serbische Republik in Bosnien-Herzegowina«. Als die Kroaten und Bosniaken am 25. Januar ein Referendum über die Unabhängigkeit ankündigten, eskalierte die Situation.

Karadzic nannte die Volksabstimmung in gewaltiger Übertreibung eine »Kriegserklärung«. Folgerichtig boykottierten die meisten bosnischen Serben das Referendum am 1. März 1992. 62 Prozent der Wählerinnen und Wähler und damit 99,4 Prozent der Kroaten und Muslime sprachen sich für die Sezession aus. Karadzic ließ daraufhin sein Parlament Ende desselben Monats eine Verfassung verabschieden. Zur Hauptstadt der Serbischen Republik in Bosnien-Herzegowina erklärte man Sarajevo.

Gleichzeitig mit Ausrufung der Serbischen Republik in Bosnien-Herzegowina erkannte die Versammlung die selbstausgerufene Serbische Republik Krajina an. Außerdem kündigte sie die Mobilmachung an. Schon im Juli kontrollierten die Serben zwei Drittel des Territoriums von Bosnien-Herzegowina. 1,5 Millionen Kroaten und Muslime, so schätzten Hilfsorganisationen, flüchteten aus ihrer Heimat oder wurden vertrieben. Vom 12. August an hieß der selbstgegründete Staat nur noch »Serbische Republik«. Indem man auf den Zusatz Bosnien-Herzegowina verzichtete, deutete man bereits das künftige Programm an. Ihre Grenzen umfaßten alle Regionen, »in denen mehrheitlich Serben leben und in denen Völkermord am serbischen Volk begangen wurde«. Aus neun Stadtteilen Sarajevos sollte im Oktober 1992 ein serbisches Sarajevo entstehen. Es erhielt den Namen Srpsko Sarajevo. Andere Orte, die den Zusatz »bosnisch« im Namen führten, wurden umbenannt, etwa Bosanska Krupa in Krupa na Uni oder Bosanska Dubica in Kozarska Dubica.[8]

»Wir werden Jugoslawien nicht verlassen«

Karadzic und sein Parlament wollten mit der Ausrufung der Serbischen Republik in Bosnien-Herzegowina offenbar eine Anerkennung der Dreivölker-Republik durch die EG verhindern. Diese akzeptierte wenige Tage später, am 15. Januar, Kroatien und Slowenien als eigenständige Staaten und begrub damit die Hoffnung auf eine jugoslawische Föderation. Die in Kroatien lebenden Serben waren so zu einer Minderheit geworden und die in Bosnien-Herzegowina befürchteten das gleiche Schicksal.

»Wir haben ein Recht auf Selbstbestimmung«, hatte Karadzic dagegen immer wieder lautstark propagiert, »und lassen uns nicht zwingen, Jugoslawien zu verlassen.«[9] Karadzic wollte keiner Minderheit angehören und verfolgte damals offenbar den Plan einer Aufteilung des Territoriums in eine Konföderation aus drei souveränen Staaten. Teile ihrer Kompetenzen sollten die drei Parlamente an ein gemeinsames Republikorgan abgeben, alle drei Regierungen frei über politische Beziehungen innerhalb des ehemaligen Jugoslawien entscheiden können. Sarajevo im Zentrum mit den Verwaltungs- und Regierungsgebäuden hätte einen exterritorialen Status angenommen.

Ein verhängnisvoller Irrtum

Einer Dreiteilung – darüber spricht im Westen heute kaum noch jemand – hatte vorübergehend auch Moslemführer Alija Izetbegovic zugestimmt. Unter dem Vorsitz des Jugoslawien-Botschafters der EG, Jose Cutilheiro, trafen sich Izetbegovic, Karadzic und der bosnische Kroate Mate Boban am 14. Februar 1992 zu einer ersten Friedensrunde in Sarajevo. Neun Tage später, auf einem abschließenden Treffen in Lissabon, bestätigte Izetbegovic, man habe sich auf eine Dreiteilung geeinigt, die eine »vollständige Dezentralisierung von Bosnien und Herzegowina« bedeute. Karadzic schien am Ziel einer ersten Etappe.

Doch sowohl Izetbegovic' Anhänger als auch die USA, die gerade dabei waren, sich für die Muslime und den Erhalt Bosnien-Herzegowinas stark zu machen, überraschte, worauf sich Izetbegovic da eingelassen hatte. Auf Intervention des amerikanischen Botschafters in Belgrad, Warren Zimmermann, zog Izetbegovic seine Zustimmung zu dem Abkommen Ende Februar öffentlich zurück.[10] Eine fatale Entscheidung. Möglicherweise wäre der Bürgerkrieg zu diesem Zeitpunkt noch zu verhindern gewesen.

Gleichzeitig machten auch in Sarajevo Pläne der EG-Konferenz zu Bosnien-Herzegowina die Runde, die nach Schweizer Vorbild eine Kantonisierung des Landes vorsahen. Karadzic unterstützte diesen Plan ebenfalls, aber wieder wurde er von den USA abgelehnt. Auch von moslemischer und kroatischer Seite kam Kritik: eine Gruppe von Intellektuellen in Zagreb hatte ausgerechnet, daß bei einer Aufteilung des Landes in Kantone 59 Prozent der Kroaten in Regionen leben müßten, in denen andere Gruppen die Mehrheit besäßen. Karadzic schlug deshalb vor, die Bevölkerung in großem Rahmen auszutauschen – ein utopisches und ohne Gewalt nicht zu realisierendes Projekt.

Dennoch setzten die drei Nationalitätenführer ihre Gespräche mit Cutilheiro fort. Zu Beginn der fünften Runde, am 16. März, hatte Karadzic vor »einem Bürgerkrieg zwischen ethnischen Gruppen und Religionen mit Hunderttausenden von Toten und Hunderten von zerstörten Städten« gewarnt. Nach einem solchen Krieg, schloß Karadzic, werde man dieselbe Situation haben wie bisher: drei Bosnien-Herzegowinas. An diesem Tag unterschrieben die drei Verhandlungspartner wiederum eine Vereinbarung, nach der das Territorium in »drei konstituierende Einheiten« geteilt werden sollte. Wenige Tage später widerrief Izetbegovic erneut: Er habe nur unterzeichnet, erklärte er öffentlich, weil er die internationale Anerkennung seiner Regierung nicht habe gefährden wollen.[11]

Als Ende Mai Granaten in Sarajevo einschlugen und mindestens 20 Menschen töteten, die nach Brot angestanden hatten, verließ Izetbegovic die Verhandlungen endgültig. Gespräche wollte er erst wieder aufnehmen, wenn Frieden herrsche in Bosnien. Izetbegovic handelte offenbar nach amerikanischen Anweisungen. Schon mehr als eine Woche vor der Anerkennung Bosnien-Herzegowinas benannte er das Datum dafür. Die USA betrieben diese Anerkennung in der Hoffnung, die Serben würden sich dann in Bosnien zurückhalten. Botschafter Zimmermann mußte später eingestehen: »Wie sich zeigte, haben wir uns geirrt.«[12]

Karadzic will den Sieg herbeibomben

Schon Anfang April kam es zu ersten Vertreibungsmaßnahmen in Bosnien. Die Serben begannen ihr tödliches Säuberungswerk westlich der Drina, auch an der Grenze zwischen Bosnien und Kroatien nahmen »Gewalt und Einschüchterung« gegen die Zivilbevölkerung zu – und das von allen Parteien.[13] Am 5. April wurde der erste Waffenstillstand vereinbart. Es sollte nicht der letzte sein. Die Vermittlungsgespräche Cutilheiros gingen zwar weiter, zuletzt aber waren die Fronten so verhärtet, daß sich die Muslime weigerten, mit den Serben in einem Zimmer zu sitzen.

Angesichts der nun ausgebrochenen rücksichtslosen Vertreibungsmaßnahmen konnte das niemanden verwundern. Karadzic forderte sofort die härtesten Maßnahmen. In einem abgefangenen und in Belgrader Zeitungen veröffentlichten Telefonat mit Milosevic soll er von diesem im April Flächenbombardements der Luftwaffe gefordert haben, um den Widerstand seiner Gegner zu brechen. Milosevic lehnte ab.[14]

Karadzic' Vertreibungsmaßnahmen erklären sich aus der Bevölkerungsverteilung in Bosnien. Nur in einer Stadt, in Banja Luka, stellten die Serben die Mehrheit der Bewohner. Karadzic' Klientel lebte eher als Bauern auf dem Land und in kleinen Städten wie Bijeljina im nordöstlichen Bosnien, Trebinje im Südosten der Herzegowina und östlich von Sarajevo. Um auch andere Städte in sein künftiges Serbenreich eingliedern zu können, wollte er neue Tatsachen schaffen.

Nach der Volkszählung von 1991 stellten die Muslime in folgenden Städten die absolute oder relative Mehrheit: Sarajevo, Zenica, Doboj, Tuzla und Vares in Zentralbosnien, in Ostbosnien Foca, Gorazde, Srebrenica und Zvornik, in der Nordherzegowina Mostar und in Nordwestbosnien Bihac und Prijedor. Die Kroaten siedelten in der Westherzegowina, in Südwestbosnien und entlang der Save westlich von Brcko.[15] In Bosnien lebten insgesamt 1,3 Millionen Serben, 600.000 in Kroatien.

»Der Krieg ist ausgebrochen«

War die Gründung der Serbischen Republik das Todesurteil für die Idee eines gemeinsamen Staates Bosnien-Herzegowina? Izetbegovic erklärte am Tag danach, er werde alles unternehmen, um die Aufsplitterung zu verhindern. »Wir in Bosnien werden niemandem erlauben, das Dach über uns zu zerstören«, erklärte er. Er werde Widerstand leisten, selbst wenn der Kampf »einen Tag, einen Monat, ein Jahr oder 50 Jahre« dauern sollte.[16] Gänzlich falsch schätzte Izetbegovic jedoch Karadzic ein. Der Serbenführer hatte für den Fall, daß Bosnien-Herzegowina als unabhängiger Staat anerkannt werde, mit Waffengewalt gedroht. Eine Abspaltung vom Rest Jugoslawiens werde das serbische Volk nicht hinnehmen. An diese Gefahr glaubte Izetbegovic, nicht jedoch, »daß Karadzic einen Waffengang wagen wird. Ein Bürgerkrieg in Bosnien wäre ein totaler Krieg, bei dem es keine Sieger gibt.«[17] Karadzic wagte den Waffengang. Im ganzen Land kam es zu Kämpfen und Pogromen. In Sarajevo ließ Karadzic Barrikaden und Straßensperren errichten. Seine Soldaten zogen einen engen Ring um die Stadt. Als Vorwand diente ihm ein Attentat auf eine Hochzeitsgesellschaft, die am Tag des Referendums nach Landessitte mit einer serbischen Fahne zur Kathedrale gefahren war. Der Bruder des Bräutigams wurde getötet, ein weiterer Gast schwer verletzt.[18]

Am 3. April meldete *Radio Sarajevo:* »Der Krieg ist ausgebrochen.« Bei Friedensdemonstrationen in der bosnischen Hauptstadt schossen Karadzic' Heckenschützen gezielt auf Zivilisten. Alija Izetbegovic versuchte, seinen Staat zu retten, und ordnete die Generalmobilmachung seiner sogenannten Territorialverteidigung an. Tags darauf versuchte die EG, ihn dadurch zu unterstützen, daß sie seinen auseinanderfallenden Staat anerkannte. Alle bosnischen Serben verließen daraufhin ihre Ämter in den staatlichen Gremien. Die Republik war damit gestorben, bevor sie ihren ersten Atemzug getan hatte. Der Kampf um die Verteilung des Kadavers entbrannte an verschiedenen Orten, Izetbegovic erklärte den Ausnahmezustand.

Die Bundesarmee steckte jetzt in folgendem Zwiespalt: Einerseits sollte sie sich zwischen Mörderbanden der Kroaten – auch heute wieder Ustascha genannt – und der Serben – Tschetniks – stellen; andererseits aber galt es, die jugoslawisch-serbischen Interessen an der bosnischen Rüstungsindustrie durchzusetzen, und zwei Zugänge zur Adria – einen in Richtung Zadar, den anderen nach Neum und Dubrovnik – zu erkämpfen. Der Befehlshaber des Wehrbezirks Sarajevo, Milutin Kukanjac, bezichtigte die bosnisch-serbischen Straßenkämpfer des »Banditentums«.[19] Im Mai befahl Belgrad, die Soldaten der Jugoslawischen Volksarmee (JNA) sollten Bosnien verlassen, sofern sie aus Serbien und Montenegro stammten. Izetbegovic behauptete später, diesem Befehl seien die JNA-Soldaten nicht nachgekommen.

Der Moslemführer seinerseits forderte am 10. Mai Uno-Hilfe an, die ihm verweigert wurde. Lediglich eine Resolution, Nr. 752, postulierte ein sofortiges Ende der Kämpfe. Karadzic triumphierte. Binnen weniger Monate besetzten seine aus Beständen der JNA bestens ausgerüsteten Truppen mehr als zwei Drittel des Territoriums: ein erfolgreicher Blitzkrieg. Am 12. August verzichtete er im Namen »seiner« Republik auf den Zusatz Bosnien-Herzegowina. Sie hieß von nun an: »Republika Srpska«.

»Das Beirut Europas«

Deutsche Journalisten gaben die Einheit Bosnien-Herzegowinas schon im März 1992 verloren. Das »Jugoslawien im Kleinen« mit seiner Bevölkerung aus 44 Prozent Moslems, 31 Prozent orthodoxer Serben und 17 Prozent katholischer Kroaten sei nicht zusammenzuhalten. Das multikulturelle

Sarajevo, so stehe zu befürchten, werde möglicherweise »das Beirut Europas«. Den Serbenführer Karadzic beurteilte selbst der Balkan-Experte der *Welt*, Carl Gustaf Ströhm, damals noch als »relativ gemäßigt«.[20] Auch Ströhm hatte nie viel von einem multikulturellen Bosnien gehalten. Offenbar akzeptierte man damals Karadzic' Sorge noch, die Serben könnten in einem »islamischen« Bosnien-Herzegowina zur Minderheit werden.

Der renommierte britische Journalist und Kriegsberichterstatter Misha Glenny beurteilte die Situation anders und betonte die Notwendigkeit eines Erhalts von Bosnien-Herzegowina. Seines Erachtens war die Entscheidung über die Aufteilung des ehemaligen Jugoslawien im Ausland gefallen, genauer: in der Bundesrepublik. Die deutsche Entscheidung, Kroatien und Slowenien frühzeitig anzuerkennen, habe die Sezessionsbestrebungen auch in anderen Teilrepubliken erheblich verstärkt. Sowohl der bosnische Staatspräsident Izetbegovic als auch UN-Generalsekretär Perez de Cuellar hatten noch versucht, Außenminister Hans-Dietrich Genscher von seinem Vorhaben abzubringen. Kurz nach der von Genscher forcierten Entscheidung der EG, die beiden nördlichen Staaten Ex-Jugoslawiens anzuerkennen, stimmten auch die bosnischen Muslime und die Kroaten für ihre Unabhängigkeit von Belgrad. Dies, so Glenny, habe zwangsläufig zum Bürgerkrieg geführt, weil nun keine Lösung mehr von allen Volksgruppen akzeptiert werden konnte: Eine Rückkehr in ein wie auch immer gestaltetes neues Jugoslawien war den bosnischen Kroaten und Moslems nicht mehr möglich; die Aufteilung des Landes unter Serben und Kroaten (von Tudjman und Milosevic angeblich schon im März 1991 besprochen) konnten die Moslems nicht annehmen, einen gemeinsamen Staat in den alten Grenzen lehnte Karadzic ab. Für Glenny wäre der nun unmöglich gewordene Gligorov-Izetbegovic-Plan einer konföderierten Union »die einzige Lösung der Jugoslawienkrise« gewesen, die »zu einem friedlichen Verlauf (hätte) führen können«.[21] Auch US-Außenminister Warren Christopher kritisierte die »voreilige« Anerkennung.[22]

Izetbegovic seinerseits änderte seinen politischen Kurs mit der Anerkennung Kroatiens und Sloweniens. Bisher hatte er sich für den Erhalt einer jugoslawischen Föderation eingesetzt, unter der Voraussetzung, daß Kroatien und Slowenien dazu gehören würden. Jetzt war diese Voraussetzung nicht mehr gegeben. Da er eine mögliche Sezession der kroatischen und serbischen Gebiete befürchtete, setzte er nun auf einen einheitlichen und eigenständigen Staat Bosnien-Herzegowina in seinen alten Grenzen.

Eine Dorfdynastie terrorisiert die Welt

Die nationalistischen Politiker der Serben, die nun auch international in die Defensive gedrängt waren, rückten weiter zusammen. Immer wenn Radovan Karadzic mit Slobodan Milosevic zu konferieren hatte, wohnte er so, wie es sich für einen Staatsmann gehört: in den teuersten Suiten des Hotels Intercontinental. Ein Hubschrauber stand selbstverständlich immer bereit. Seinen Regierungssitz hatte der Mann aus den Bergen mit Beginn des Bürgerkrieges von der ihm ungeliebten Stadt Sarajevo nach Pale verlegt, wo er schon früher ein Wochenendhaus als Rückzugsort besessen hatte. Pale, Wintersportort und ehemals Schauplatz der Olympischen Winterspiele, liegt etwa 20 Kilometer südöstlich von Sarajevo. Vor dem Bürgerkrieg lebten dort etwa 14.000 Menschen, seither sind einige der Bewohner geflohen, einige tausend serbische Flüchtlinge hinzugekommen. Fast alle Ämter und sonstigen »staatlichen« Stellen sind in Pale in Wochenendhäusern, Hotels oder Pensionen untergebracht.

Auch seiner Frau Liljana hat er hier einen Job verschafft. Sie ist Präsidentin des von der Zentrale nicht anerkannten

Roten Kreuzes in Pale, zeichnet also in der Familie des Serbenführers für das Humanitäre verantwortlich. Das Internationale Komitee vom Roten Kreuz (IKRK) ist über diese Form
der Verknüpfung von Politik und humanitärer Hilfe offenbar
nicht glücklich, arbeitet aber »um der Opfer Willen« mit Liljana Karadzic zusammen.[23] Sie selbst habe sich nicht in dieses
Amt gedrängelt, bekannte Liljana Karadzic, »aber mir wurde
gesagt, daß sich die Gattin eines Staatsmannes mit humanitären Angelegenheiten beschäftigt«.[24] Auch Karadzic' Tochter
regiert mit in Pale; sie ist zuständig für die Öffentlichkeitsar-
beit. Angeblich neigt sie zu heftigen Wutanfällen.

Von diesem Skiort aus, in dem die Abgeordneten laut der
Zeit beim Verlassen des Parlaments im Sommer darauf achten
müssen, nicht in einen Kuhfladen zu treten, begann Radovan
Karadzic' Schußfahrt gegen die Weltgemeinschaft. Kein
Hügel, kein Hindernis, keine Schikane konnte ihn bei seiner
rasanten Fahrt aufhalten. Was ihm die internationale Staatengemeinschaft nicht freiwillig zugestand, versuchte der
Serbenführer nun nachdrücklich, durch militärische Schläge
zu erpressen.

Der UN-Sicherheitsrat reagierte auf die Fortsetzung der
serbischen Eroberungszüge am 30. Mai mit Wirtschaftssanktionen gegen Serbien und Montenegro, die man als Drahtzieher des Bürgerkrieges und Unterstützer der bosnischen Serben um Karadzic ansah. Die Resolution 757 verpflichtete alle
Staaten, Einfuhren aus Serbien und Montenegro zu verhindern, ebenso alle Lieferungen dorthin. Medikamente und
Nahrungsmittel wurden ausgenommen. Flüge von und nach
Restjugoslawien wurden verboten, außerdem alle Finanz-
transaktionen nach Serbien-Montenegro. Die Staaten waren
aufgefordert, das Personal der diplomatischen Vertretungen
und Konsulate »beträchtlich« zu reduzieren und Sportler aus
diesen Ländern von Wettbewerben fernzuhalten. Wissen-
schaftliche Kooperation und kultureller Austausch sollten
eingestellt werden. Und alle Staaten sollten sich darum

bemühen, eine Sicherheitszone für Sarajevo und dessen Flughafen zu schaffen und den Zugang für humanitäre Aktionen zu öffnen.

Dieser Maßnahmenkatalog nannte gleichzeitig erstmals einen Schuldigen, auch wenn Moslems und Kroaten ebenfalls Verbrechen vorzuwerfen waren. Am Beginn, so befand die internationale Staatengemeinschaft, hätte die Weigerung der Serben gestanden, sich als Minderheit in einem gemeinsamen Staat unterzuordnen. Sowohl die Bundesarmee als auch die serbischen Freiwilligenverbände hätten auf ihrem Eroberungszug schwere Waffen rücksichtslos gegen bosnische Milizen und zivile Behausungen eingesetzt. Bedeutend an dem Papier: selbst Rußland, auf dessen slawische Solidarität sich Belgrad und Pale verlassen hatten, stimmte ihm zu.[25]

Granaten auf das Beirut Europas

In Sarajevo, das Karadzic immer rücksichtsloser bombardieren ließ, wuchs der Widerstand gegen die großserbischen Bestrebungen, dem sich auch serbische Einwohner anschlossen. Schon Ende 1991 hatten Zehntausende bei Demonstrationen ein Konzept für ein friedliches Zusammenleben der drei Gruppen in der Republik Bosnien-Herzegowina gefordert. Jetzt wurden die warnenden Stimmen derer immer lauter, die erkannten, daß Karadzic einen großserbischen Staat anstrebte.

Offenbar sollte dieser Widerstand mit verschärfter Waffengewalt gebrochen werden. Schon Ende Mai 1992 fielen drei Granaten auf eine Gruppe von Menschen, die nach Brot anstanden. 20 starben, 160 wurden zum Teil schwer verletzt. Die Blicke aller Welt richteten sich erstmals erschüttert auf Sarajevo. Die EG reagierte mit ersten Embargoankündigungen gegen Serbien und Montenegro. Nato-Generalsekretär Manfred Wörner wollte Interventionen dann erlauben, wenn die KSZE seiner Behörde »friedenserhaltende Aufträge« erteile.[26] Das erste Ziel bestand darin, den Flughafen für humanitäre Lieferungen offenzuhalten. Sechs Kriegsschiffe der 6. US-Flotte mit 2.200 Marines wurden in die Adria verlegt. Karadzic wertete dies als eine Attacke gegen sich und nutzte die Präsenz der Amerikaner vor der serbischen Haustür propagandistisch aus. Er tönte lautstark, wenn Amerika angreife, werde es in Bosnien ein zweites Vietnam erleben.[27]

Die Uno versuchte weiterhin, sich mit politischem und wirtschaftlichem Druck durchzusetzen. Ende Juni richtete sie eine Luftbrücke nach dem eingeschlossenen Sarajevo ein. Im Oktober verbot der UN-Sicherheitsrat mit der Resolution 781 den Einsatz von Militärflugzeugen über Bosnien. Unter EG- und Uno-Vorsitz (David Owen und Cyrus Vance) traf sich vom 26. August an eine Internationale Jugoslawien-Konferenz in London, später in Genf. Im September schloß der UN-Sicherheitsrat Jugoslawien aus. Im Dezember bezichtigte die Menschenrechtskommission nach ersten Berichten über die Zustände in serbischen Internierungs- und Todeslagern die Serben des Völkermords.

Die Sanktionen richteten sich vornehmlich gegen Milosevic, den damals unumstrittenen Führer der Serben. Noch war der Name Karadzic international nicht in aller Munde. Nicht zuletzt die Einseitigkeit der Sanktionen – Kriegsverbrechen hatte es auch von anderer Seite gegeben – ließ die Serben nur noch mehr zusammenrücken, da sie sich in der Mehrheit ungerecht behandelt fühlten. Die Führung schürte den Verfolgungswahn noch durch ihre Theorien eines neuen Genozids an den Serben.

Aufmerksame Beobachter bemerkten schon in diesem Sommer erste Risse in der großserbischen Einheitsfront. Milosevic rief im Juni 1992 nach russischen und amerikanischen Truppen zur Befriedung des Landes, was eines deutlich machte: Die serbischen Truppen in Bosnien waren von Belgrad aus nicht mehr zu kontrollieren.[28]

Der zweite Friedensplan: Taschenspieler Karadzic

Die internationale Gemeinschaft bemühte sich unterdessen, eine friedliche Lösung des Konflikts per Verhandlungen herbeizuführen. Ende August trat man unter der Schirmherrschaft von Uno und EG erstmals in London zusammen. Die Internationale Jugoslawien-Konferenz verpflichtete die Kriegsparteien zunächst auf 13 Grundsätze. Einer schrieb den Parteien vor, die Unabhängigkeit, Souveränität und territoriale Integrität aller Staaten der Region zu respektieren. Grenzen dürften nicht gewaltsam geändert werden. Wörtlich hieß es: »Alle am Konflikt beteiligten Parteien müssen sich gegenseitig anerkennen und ihren Status und ihre Rechte anerkennen.« Karadzic erwies sich erstmals als Politiker, der Verträge stets nach seinem Gusto zu interpretieren versteht: Er erklärte, damit sei auch seine Serbische Republik international anerkannt worden. Das war sicher nicht der Fall.

Während die Verhandlungsführer in Genf, wo die weiteren Gespräche stattfanden, über ersten Entwürfen brüteten, schuf Karadzic an den Fronten Tatsachen. Waffenstillstände wurden geschlossen und gebrochen. Immerhin versprach Karadzic, die Gefangenenlager aufzulösen und die Vertreibungen und das Morden – er verwendete hier freilich andere Worte – vor allem an den Muslimen einzustellen. Er erklärte sogar, auf 20 Prozent des eroberten Territoriums verzichten zu können. Karadzic fühlte sich nach seinem militärischen Sieg offenbar in einer starken Position – immerhin kontrollierten seine Truppen rund 70 Prozent des Territoriums der Republik. »Nun können wir auf eine politische Lösung warten.«

Der erste Versuch wurde Anfang 1993 gemacht. Die Vorsitzenden der Genfer Jugoslawien-Konferenz, Cyrus Vance (als Vertreter der Uno) und David Owen (EG), legten am 2. Januar 1993 einen Plan zur Aufteilung Bosnien-Herzegowinas in

34

zehn autonome Provinzen vor. Diese sollten unter dem Dach einer föderativen Republik verbunden bleiben. Die Kroaten, die sich offenbar gut bedient sahen, nahmen sofort an. Ihre Volksgruppe, die 17 Prozent der Bevölkerung ausmachte, sollte etwa 25 Prozent des Territoriums erhalten. Karadzic und Izetbegovic nahmen sich Zeit. Die Verhandlungen müssen ein enervierendes Tauziehen gewesen sein. EG-Ratspräsident Uffe Ellemann-Jensen sprach von einer »absoluten Kompromißlosigkeit« der Gegner: »Alle fordern immer alles.«[29]

Was sah der nach den Autoren benannte Vance-Owen-Plan genau vor? Bosnien-Herzegowina sollte in zehn Provin-

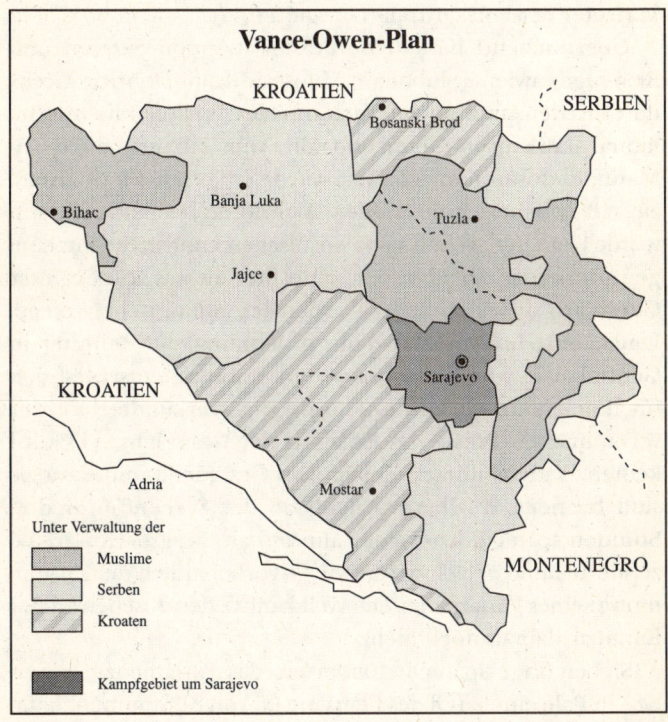

Vance-Owen-Plan

KROATIEN

SERBIEN

● Bosanski Brod

● Bihac

Banja Luka ●

Tuzla ●

Jajce ●

KROATIEN

◉ Sarajevo

Adria

Mostar ●

Unter Verwaltung der

Muslime

Serben

Kroaten

Kampfgebiet um Sarajevo

MONTENEGRO

zen aufgeteilt werden, je drei für jede Volksgruppe und dazu Sarajevo als multikulturelle, offene Stadt. Jede Provinz sollte sich selbst verwalten und eine Zentralregierung internationale Aufgaben wahrnehmen. Die Gruppen sollten darin paritätisch vertreten sein. Binnen 72 Stunden galt es, das Feuer einzustellen und den Uno-Schutztruppen eine genaue Aufstellung über Streitkräfte, deren Position, über schwere Waffen und Minenfelder zu übergeben. Binnen 45 Tagen hätten sich alle Verbände in die ihnen zugeteilten Provinzen zurückziehen müssen. Internationale Truppen wurden mit dem Schutz der äußeren Grenzen beauftragt. Für eine Übergangszeit sollte ein paritätisch besetztes Präsidium die Regierungsgeschäfte führen, als Präsident ein halbjährlich wechselnder Vertreter der Volksgruppen fungieren.

Überraschend hatten die Präsidenten von Serbien und Rest-Jugoslawien, Slobodan Milosevic und Dobrica Cosic, den Friedensplan angenommen. Alle Welt schaute am 13. Januar 1993 nach Genf, und alle Welt schaute auf einen Mann: Radovan Karadzic. Wie würde er entscheiden? Karadzic saß zwischen zwei Stühlen. Würde er zustimmen, dann würde Genf jubeln und seine bosnischen Landsleute ihn hängen. Denn das Angebot war schlechter als das früher unter Cutilheiro ausgehandelte – trotz der militärischen Siege. Umgekehrt brächte ihm eine Ablehnung die Ächtung in Genf aber Heldentum zuhause ein. Karadzic entschied sich für die Seinen, die Serben. Lord Owen verkündete vor der versammelten Presse das Ergebnis der Gespräche: »Es wird keinen Waffenstillstand geben. Die Gespräche mit Karadzic sind beendet.«[30] Überraschend saß der Serbenführer drei Stunden später doch wieder am Verhandlungstisch und akzeptierte den Verfassungsentwurf – vorbehaltlich der Zustimmung seines Parlaments. Die Welt kannte den Taschenspieler Karadzic damals noch nicht.

Sieben Tage später befürwortete das Parlament der Serben in Pale einen Teil des Plans mit 55 von 81 Stimmen, nämlich den Verfassungsentwurf und ein Waffenstillstandsabkommen. Der neuen Landkarte dagegen verweigerten die Abgeordneten die Zustimmung. Karadzic hatte für den Fall einer Ablehnung mit Rücktritt gedroht. Das Ziel, der Schutz der serbischen Bevölkerung in Bosnien, sei erreicht. Nun gelte es, auf politischem Wege weitere Rechte der Serben in Bosnien zu sichern.

Karadzic meinte damit vermutlich die zwar illegale, aber denkbare Möglichkeit, später durch ein Referendum den serbischen Teil an das Kernland anzuschließen. Das könnten wohl auch die Kroaten geplant haben, und die Muslime ließen nicht ab, davor zu warnen. Die Hardliner der Opposition sprachen von einer »Kapitulation vor dem Diktat aus Genf«,[31] weil Karadzic auf volle Souveränität und eigene Territorien verzichtet habe.

Karadzic versuchte derweil, die Landkarte militärisch zu vervollkommnen. Srebrenica kapitulierte nach einer einjährigen Knebelung und erklärte sich schon dazu bereit, die Waffen an die Uno abzugeben. Unter dem Eindruck schrecklicher Berichte aus der Schutzzone beschloß die Uno aber letztendlich doch noch, Srebrenica zu verteidigen. 2.000 Frauen und Kinder durften die Stadt verlassen, der Rest vertraute auf die Blauhelme der Vereinten Nationen. Deren Sprecher Barry Frewer erkannte: »Wir haben eine Verantwortung für die Menschen in diesem Gebiet.«[32]

Am 15. April zog Alija Izetbegovic seine Zustimmung zum Vance-Owen-Plan zurück, wenig später lehnte auch das serbische Parlament in Pale den Plan ab. Karadzic blieb trotz erneuter Rücktrittsdrohung im Amt. An seine Zustimmung und die des Parlaments knüpfte er nachträglich immer neue Forderungen. Außerdem setzten seine Truppen die Offensive gegen die ostbosnischen Muslim-Gebiete fort. Die Provinzaufteilung des Friedensplans wurde dadurch mehr und mehr unterminiert. Nach fortgesetzten Angriffen erklärte der Weltsicherheitsrat Srebrenica zur UN-Schutzzone; am 6. Mai kamen mit Sarajevo, Bihac, Tuzla, Zepa und Gorazde fünf weitere hinzu.

Ende April klagte Karadzic: »Warum versucht ihr, uns wie Hund und Katze in eine gleiche Kiste zu sperren? Wir können so nicht zusammenleben.«[33] Unter starkem internationalen Druck lenkte Karadzic doch noch ein. Im Mai erklärte er in Athen: »Nur der Plan kann unser Volk vor Vernichtung bewahren«, und setzte seine Unterschrift unter das Papier. »Wir Serben sind doch nicht verrückt – auch wir fahren lieber Mercedes als Panzer.«[34] Doch bald schon trat eine von Karadzic' auffälligsten Eigenschaften erstmals deutlich zutage, seine Unzuverlässigkeit. Man könnte auch wie Marko Vesovic sagen: »Er lügt, sobald er den Mund aufmacht.«[35] Der Schauspieler Peter Ustinov schrieb ebenso treffend, Karadzic sei ein »Artist der Doppelzüngigkeit, der selbst einen Lügendetektor betrügen könnte«.[36]

Karadzic wollte offenbar noch weitergehende militärische Ziele verwirklichen und setzte sich gleichzeitig über seine eigene Aussage (pro Friedensplan) und das Abstimmungsergebnis seines Parlaments (gegen den Friedensplan) hinweg. Er machte seine weitere Zustimmung von einem Referendum abhängig und wollte auch über die Landverteilung neu verhandeln. Eine Offensive der Kroaten bei Zadar lieferte Karadzic eine Begründung für sein hinhaltendes Taktieren. Die Angriffe seien der Beweis für kroatische Aggression. Karadzic seinerseits ließ Srebrenica, Gorazde und Sarajevo beschießen, Zepa wurde fast ganz zerstört. Als nach den bosnischen Kroaten auch der Führer der Muslime, Alija Izetbegovic, den Vance-Owen-Plan endlich akzeptiert hatte, unterschrieb Anfang Mai 1993 auch Karadzic – auf Druck von Milosevic. Als Gegenwert für seine Unterschrift erhielt er das Zugeständnis zur Verbreiterung des UN-Korridors zwischen Bijeljina und Banja Luka, zwei überwiegend serbisch bewohnte Städte. Doch drei Tage später verweigerte ihm sein Parlament erneut die Gefolgschaft: Nur zwei von 65 Abgeordneten bestätigten im Olympischen Zentrum von Pale Karadzic' Unterschrift. Er konnte sich somit hinter dem Votum seines Parlaments verstecken. Neben dem öffentlich lavierenden Karadzic galten alle führenden Mitglieder des Parlaments als heftigste Gegner des Friedensplans, darunter Ministerpräsident Vladimir Lukic und die zweite Stellvertreterin Karadzic', Biljana Plavsic. Nur der Parlamentspräsident Momcilo Krajisnik und Karadzic' erster Stellvertreter Nikola Koljevic unterstützten den Friedensplan.[37]

Vergebens waren die gesamte Belgrader Führung und der griechische Ministerpräsident Konstantin Mitsotakis nach Pale gepilgert, um Karadzic und sein Parlament zum Einlenken zu bewegen. Eine Ablehnung, so der Grieche, komme »einem sinnlosen Massenselbstmord gleich«. »Ihr seid doch die Sieger«, hatte auch der Präsident Rest-Jugoslawiens, Dobrica Cosic, seinen Brüdern zugerufen. »Wo immer das serbische Volk lebt, wird der serbische Staat bestehen.«

Doch Slobodan Milosevic mußte zusehen, wie ihm die Geister, die er mit seinem nationalistisch-populistischen Programm einst gerufen hatte, auf der Nase herumtanzten. Pale wählte den Massenselbstmord. Und Karadzic' Scharfmacher jubelten: »Wunderbar, wir sind stärker als die ganze Welt.«[38] Die paranoide Angst vor einem Genozid war einem größenwahnsinnigen Herrenmenschentum gewichen. Auch die Bevölkerung verließ sich lieber auf ihre Waffen als auf Papier. Mit 96 Prozent der Stimmen sprachen sich die bosnischen Serben am 15. und 16. Mai 1993 gegen den Plan aus. Sie wollten keine 70.000 UN-Soldaten im Land.[39]

Karadzic erklärt: »Der Friedensplan ist tot«

Nicht nur die Opposition in Belgrad war wütend, auch Milosevic und dessen Chefdenker Mihailo Markovic waren sauer über den »Egoismus« der bosnischen Serben. Markovic lehn-

te von da an einen etwaigen Anschluß des bosnischen Serbenstaates an das serbische Kernland ab, »weil die bosnischen Serben nach Tschetnik-Tradition die Monarchie
anstreben und der Kirche eine wichtige Rolle geben wollen«.
Milosevic verhängte sofort ein Embargo für Waffen und Ben-
zin, nur Lebensmittel und Medikamente sollten noch über
die Grenze nach Bosnien gelangen. Unterstützung bekam
Karadzic dagegen von den nationalistischen Oppositionellen
in Belgrad. Radikalenführer Vojislav Seselj, vormals Verbündeter Milosevic', rügte diesen, er würde vor dem Westen »in
die Knie gehen«.[40]

Karadzic' Kalkül hieß Zeitgewinn. Je länger die militärisch
geschaffenen Gebietsverteilungen erhalten blieben, desto
länger konnte er auch durch Vertreibung der Nichtserben
für klare Verhältnisse in der Bevölkerungsstruktur sorgen.
Die Einrichtung von Schutzzonen für Muslime, in die sich
immer mehr Menschen flüchteten, schrieb den Status quo
fest. Und der hieß: 70 Prozent des Landes, wenn auch kaum
eine der großen Städte, standen unter serbischer Kontrolle.
In der Serbischen Republik wurde der nichtserbische Bevöl-
kerungsanteil binnen kurzer Zeit von 20 auf fünf Prozent
reduziert.[41]

Der Vance-Owen-Plan sah dagegen sogar die Rückkehr
von Flüchtlingen und Vertriebenen in ihre Heimatorte vor:
»Alle Flüchtlinge und umgesiedelten Personen werden das
Recht haben, frei in ihre Heimat zurückzukehren, und alle
Personen, denen im Zuge der ethnischen Säuberungen ihr
Grundbesitz und anderes Eigentum entzogen wurde, werden
Anspruch auf Rückgabe des Grundbesitzes und ihres Eigen-
tums haben und auch Entschädigung für das, was nicht mehr
zurückgegeben werden kann. Im Zusammenhang damit werden alle Erklärungen und Verpflichtungen, die unter Zwang
erfolgten, vor allem diejenigen, die sich auf einen Rechtsver-
zicht beziehen, als nichtig und ohne rechtliche Verbindlich-
keit behandelt werden.«[42]

Als der Plan nach fünfmonatiger mehr oder weniger offener Mißachtung seine Schuldigkeit getan hatte, erklärte ihn Karadzic zu dem, was er für ihn wahrscheinlich von Anfang an gewesen war: für tot. Um gleich – Konstruktivität vorgebend – zwei mögliche neue Vermittler ins Spiel zu bringen: Michail Gorbatschow und Henry Kissinger. Für letzteren, so wußte die *Süddeutsche Zeitung* zu berichten, sei ein Gebilde namens Bosnien nicht existent. Kissinger plädiere für einen Anschluß des kroatischen Teils an Kroatien, des serbischen an Belgrad. Aus dem Rest könne man nach Kissingers Vision einen Rumpfstaat der Muslime rund um Sarajevo bilden.

Karadzic und sein General

Karadzic wollte sich angesichts seiner stetigen Bemühungen um eine gerechte Lösung als Gemäßigter und als Friedensbringer stilisieren. Im Falle eines Rücktritts, so meinte er schon im Frühjahr 1993, würde ihn ein viel Radikalerer beerben. Er hatte dabei möglicherweise den im Auge, der für ihn auf den Schlachtfeldern die Dreckarbeit verrichtete: General Ratko Mladic.

Mladic und Karadzic gelten den bosnischen Serben offenbar als erfolgreiches Duo. Sogar Verse wurden auf die beiden geschrieben, etwa: »Karadzic ist ein kluger Kopf, in Mladic schläft noch der Drache. Wenn sie zusammenkommen, kann nichts uns aufhalten.«[43] Mit Mladic hat Karadzic einen General, den auch seine Vasallen achten. Er sei der beste serbische General, heißt es. Er habe, so rühmen die Serben, 1991 die Bestrebungen der Kroaten zerschlagen, Herren über die Krajina zu werden. Damals war Mladic noch Mitglied der Jugoslawischen Volksarmee (JNA) gewesen. Erst im Mai 1992 war er zu den neu gebildeten Streitkräften der bosnischen Serben übergetreten. Mladic schreiben die Serben auch den Erfolg zu, 1992 etwa 70 Prozent des Territoriums Bosnien-

Herzegowinas erobert zu haben. Damit gilt er den Seinen als der Verteidiger Serbiens. Nach eigenen Aussagen tat er das ganz in eigenem Interesse. Schließlich sei er nicht in Kambodscha oder Vietnam einmarschiert, sondern auf serbischem Boden. »Ich habe mein eigenes Haus verteidigt«, erklärt der Held im Sinne einer guten Selbstinszenierung, »Mein Haus war nämlich eines der ersten, die niedergebrannt wurden.« In der Tat war sein Haus in Sarajevo in der ersten Maiwoche 1992 in Flammen aufgegangen.

Für die Serben ist er bereits zu eine Legende geworden. Mladic selbst wehrt Lobeshymnen ab: »Wir Serben prahlen gern. Aber das entspricht nicht meinem Wesen. Ich bin keine Legende. Was für eine Legende denn? Ich wollte nicht eine Legende werden, nur ein gewöhnlicher Bursche.«[44] Gewöhnlich ist er bestimmt nicht. Die ihn kennen, beschreiben ihn als mutig, entschlossen, geistesgegenwärtig, aber auch rücksichtslos. »Knallt sie besinnungslos«, soll er seine Männer bei Sarajevo angefeuert haben. Seine Wutausbrüche tadelte selbst Karadzic – als Mladic nämlich mit der Bombardierung Londons gedroht hatte, falls der Westen in Bosnien militärisch eingreife. Karadzic bezeichnete dies als einen »idiotischen und verantwortungslosen Ausbruch« und pfiff seinen Oberkommandierenden zurück. Unbeirrt erhob der tags darauf Ansprüche auf Triest als alte serbische Stadt und erklärte, der Krieg werde »irgendwo zwischen Triest und Wien beendet«. Und folgender Funkspruch des Generals während eines Angriffes auf Srebrenica konnte abgefangen werden: »Rührt die Fabrik nicht an, wir brauchen die Maschinen. Schießt nur auf Menschenfleisch.«[45]

Auf Karadzic scheint Mladic bedingungslos zu hören. Dessen Befehle befolgte er stets loyal, auch wenn ihn diese seine Meinung nach an einem militärischen Sieg hinderten. Srebrenica und Zepa hätte er schon 1993 mühelos einnehmen können, im April 1994 zudem Gorazde. Doch der Serbenführer verfolgte mit seinen Befehlen andere Ziele.

Des Teufels General: Ratko Mladic mit dem Serbenführer.

Karadzic' General erreichte schließlich, was sein Chef von ihm erwartete: Er sicherte einen Landkorridor bei Brcko in Nordbosnien, der Serbien mit den besetzten Gebieten in Kroatien verband. Sarajevo, Gorazde, Zepa und Srebrenica befanden sich fest im Würgegriff der Serben. Karadzic' Truppen kontrollierten rund 70 Prozent des gesamten ehemaligen bosnischen Territoriums. Auch die Kroaten hatten ihre Interessensphäre mittlerweile abgesteckt. Im Juni 1993 unterbreiteten Slobodan Milosevic und Franjo Tudjman neun Verfassungsrichtlinien, die für eine bosnische Konföderation gelten sollten. Sie sahen drei Republiken vor, deren Grenzen nicht näher benannt wurden und denen es untersagt sein sollte, Verträge mit Drittstaaten oder internationalen Organisationen abzuschließen, die für die beiden anderen Staaten von Nachteil sein könnten. Die drei Präsidenten sollten gemeinsam als Präsidium der Konföderation fungieren, unterstützt von einem neunköpfigen Ministerrat. Bewegungsfreiheit sollte gewährleistet werden, Konflikte von einem gemeinsamen Verfassungsgerichtshof beigelegt werden. Die ersten Wahlen und für eine gewisse Zeit die Ein-

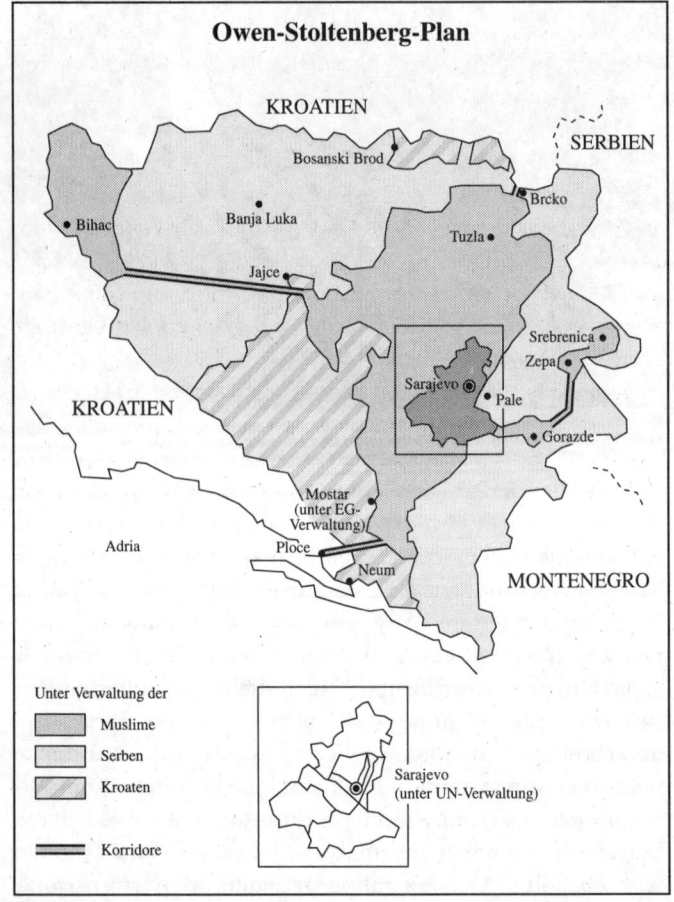

Owen-Stoltenberg-Plan

KROATIEN

SERBIEN

Bosanski Brod

Brcko

Bihac

Banja Luka

Tuzla

Jajce

Srebrenica

Zepa

Sarajevo

Pale

KROATIEN

Gorazde

Mostar
(unter EG-
Verwaltung)

Adria

Ploče

Neum

MONTENEGRO

Unter Verwaltung der

Muslime

Serben

Kroaten

Korridore

Sarajevo
(unter UN-Verwaltung)

44

haltung der Verfassungsgrundsätze plante man, internationaler Aufsicht zu unterstellen. Sogar eine schrittweise Entmilitarisierung Bosnien-Herzegowinas war vorgesehen. Karadzic unterschrieb.[46] Das bosnische Parlament hielt nicht viel von den Bestrebungen, die Republik zu teilen. Ende September scheiterte auch diese Initiative am Widerstand der Muslime.

Dabei hatte nach den erfolglosen Verhandlungen über den Vance-Owen-Plan auch Lord Owen seine ursprüngliche Idee begraben: »Ich denke, ich bin mit dem Auftrag gescheitert, Bosnien-Herzegowina als multiethnischen Einheitsstaat zu bewahren.«[47] Karadzic kam es gelegen, daß sich nun die Idee der drei Republiken durchsetzte. Und so lag in Genf bald ein gemeinsamer serbisch-kroatischer Teilungsplan vor, der den Muslimen lediglich einen Minimalstaat einräumte und als Grenzlinien weitgehend den derzeitigen Frontverlauf setzte. Der im August unterbreitete dritte internationale Friedensplan, nach Owen und dessem neuen Uno-Partner Thorvald Stoltenberg benannt, verschob die Grenzen denn auch erheblich zugunsten der Serben. Karadzic erklärte den Krieg großmütig für beendet und setzte bei den Genfer Verhandlungen ein zufriedenes Lächeln auf. Allein die Muslime seien es, die den Krieg noch fortsetzten, »trotz Hunger, Elend und militärischer Unterlegenheit«. Ihr Ziel sei es nach wie vor, »einen fundamentalistischen Staat auf europäischem Boden« durchzusetzen.[48]

Eine Mörsergranate und ihre Folgen

Karadzic sah sich seinem Ziel nahe, und er billigte den Owen-Stoltenberg-Plan sofort vorbehaltlos. Drei Republiken, ein lockerer Staatenbund und eine Entmilitarisierung, die den Status quo zu sichern versprach – das war nach seinem Geschmack. Die Kroaten nahmen ebenfalls an, das bosnische

Parlament aber lehnte ab. In der Folge kam es zu Auseinandersetzungen unter den Muslimen und einer weiteren Aufsplitterung des Landes. Fikret Abdic rief ein Gebiet um Bihac zur »Autonomen Provinz Westbosnien« aus und schloß einen Separatfrieden mit Karadzic und den Kroaten. Fortan beschossen sich dort Muslime gegenseitig, und die Serben schauten dabei zu oder griffen zugunsten von Abdic ein. Die Kämpfe an den anderen Fronten wurden mit immer furchtbareren Methoden fortgesetzt.

Am 5. Februar 1994 explodierte auf Sarajevos Marktplatz Markale eine Granate. 68 Menschen starben, 200 wurden verletzt. Die Mörsergranate, Kaliber 120 Millimeter, kam aus Nordost. Auch Serben lagen in dieser Richtung in Stellung. Die Welt war entsetzt, die Blicke richteten sich wieder auf das fast vergessene, strangulierte Sarajevo, in dem zuvor bereits 10.000 Menschen getötet worden waren. In der deutschen Presse herrschte deshalb Einigkeit: Die Täter waren wieder einmal Karadzic' Serben. Und auch der Bundeskanzler ließ verlauten, er sei »entsetzt« über den »brutalen serbischen Überfall«.[49] Karadzic distanzierte sich von dem Massaker. Er erklärte, bosnische Truppen hätten auf die eigene Bevölkerung geschossen, um Nato-Luftangriffe auf serbische Stellungen zu provozieren. Ähnlich hatte Karadzic auch bei früheren Angriffen auf die Stadt argumentiert, noch am Tag zuvor etwa, als im Stadtteil Dobrinja zehn Menschen durch drei Granaten starben. Die Uno dagegen konnte durch Analysen über den Fall vom 4. Februar eine serbische Urheberschaft nachweisen.[50]

»Wann, wenn nicht jetzt?« forderte denn auch die *FAZ* ein internationales Eingreifen. Wenn der Westen dieses Massaker nicht zum Anlaß für Luftangriffe nehme, »dann sollten seine Repräsentanten auch ihre Friedensbemühungen aufgeben«.[51] Andere internationale Stimmen gaben sich bedächtiger. Edward Heath etwa, ehemaliger britischer Premierminister, meinte in der *European Times*, Luftschläge

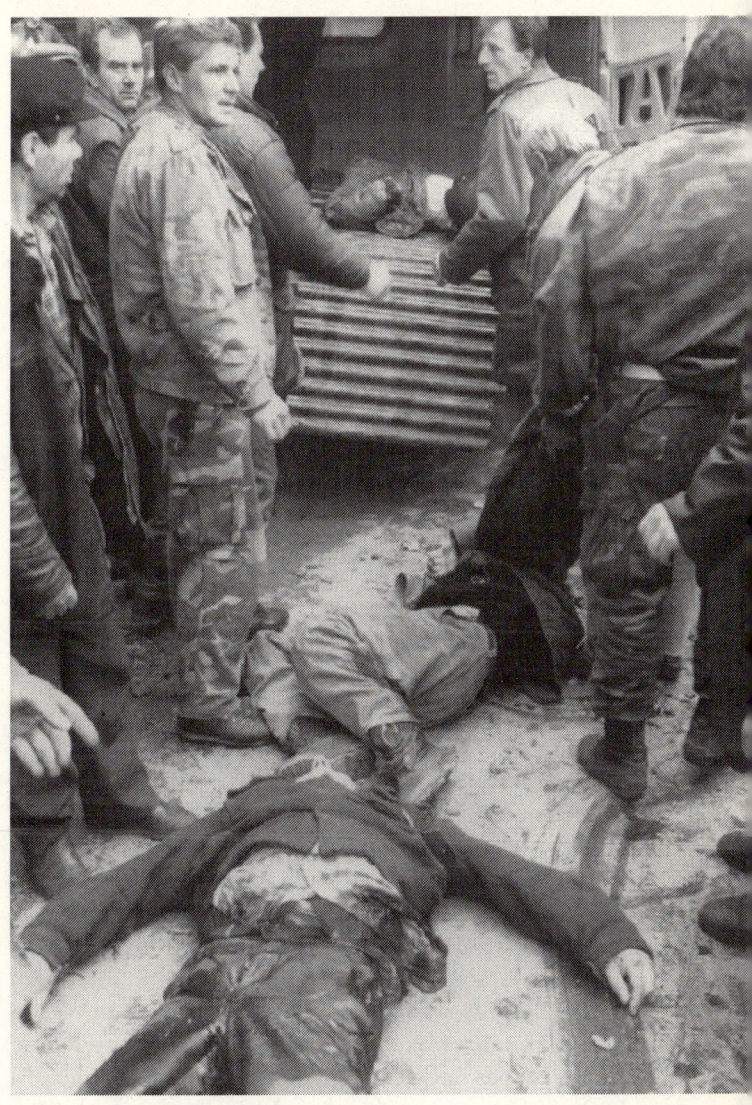

Artillerieangriff auf Sarajevo: Am 5.2.1994 starben 68 Menschen, 200 wurden verwundet.

47

bedeuteten Krieg. Bosnien, das sich in einem Bürgerkrieg befinde, sei dieses Risiko nicht wert.[52] Auch der SPD-Bundestagsabgeordnete Peter Glotz verneinte eine realistische Möglichkeit zum militärischen Eingreifen. Er gehörte damit zu den wenigen Besonnenen in der Bundesrepublik; unter ihnen befanden sich bezeichnenderweise auch die meisten Bundeswehrgeneräle. Und das trotz der Schlachtfeste, die Karadzic und Mladic in Bosnien feierten, und obwohl Glotz Milosevic als einen der »schlimmsten nationalbolschewistischen Demagogen auf dem Balkan« sicher gerne einen Maulkorb umgehängt und Handschellen angelegt hätte. 200.000 Mann kämpften in Bosnien, belehrte Glotz die Befürworter eines Militärschlags, und sie zerfielen in fünf, nicht in drei Fraktionen und unterstanden 19 regionalen Kriegsherren. Eine wirre Situation. 400.000 Mann würde die internationale Gemeinschaft für einen erfolgreichen »Balkansturm« brauchen. »Wer kämpfen will, soll vortreten«, forderte Glotz schließlich provozierend.[53]

Die Uno wollte den Anschlag auf Sarajevo vom 5. Februar zunächst untersuchen. Und sie präsentierte bereits zehn Tage später ein Ergebnis: »Aufgrund unserer Untersuchungen hätte jede Seite die tödliche Granate abfeuern können.« Der kanadische Oberst Michel Gauthier konnte »keine stichhaltige Schuldzuweisung« an eine der beiden verfeindeten Seiten, Serben oder bosnische Regierungstruppen, machen.[54] Schon 1992 hatte der damalige Kommandeur der Uno-Mission in Sarajevo, Lewis MacKenzie vor der »bizarren Situation« Sarajevos kapituliert. Er sagte damals, er habe eindeutige Beweise dafür, daß alle Seiten ihre eigenen Stellungen mit Granaten beschossen, um den Eindruck zu erwecken, die anderen brächen den Waffenstillstand. Völkerrechtliche Vereinbarungen zum Schutz der Zivilbevölkerung würden nicht beachtet. Die Umgebung von Krankenhäusern und Schulen werde gezielt vermint, Waffenmaterial in Ambulanzfahrzeugen transportiert. Er habe, so MacKenzie, noch nie einen dreckigeren Krieg erlebt.[55] Wenig später wurde sogar ein italienisches Transportflugzeug abgeschossen und auch hier blieb ungeklärt, ob Kroaten oder Muslime dahintersteckten. Die Kugeln auf zwei französische Uno-Offiziere, die einen Hilfskonvoi begleiteten, kamen vermutlich ebenfalls aus dem bosnischen Lager, für das der Transport bestimmt war.[56]

Wer auch immer am 5. Februar 1994 die Granate abgefeuert hat, er forderte eine Uno-Reaktion heraus. Und die hieß: Abzug aller schweren Waffen aus der Sperrzone von 20 Kilometern um die Stadt oder deren Übergabe an die Uno bis 21. Februar, ein Uhr. Es trat ein, was Karadzic befürchtet hatte: Für den Fall, daß die Forderungen nicht innerhalb von zehn Tagen erfüllt seien, erhielt die Uno die Option, Nato-Unterstützung aus der Luft anzufordern. Karadzic wollte dem internationalen Druck zunächst dennoch nicht weichen. Erst die Vermittlung des russischen Präsidenten Boris Jelzin ermöglichte einen Kompromiß. Dessen Sondergesandter Witalij Tschurkin übergab zuerst Milosevic in Belgrad, dann Karadzic in Pale einen Brief, in dem Jelzin ein Nachgeben der Serben forderte. Mit Zugeständnissen von seiner Seite wollte er Karadzic diesen Schritt erleichtern: Jelzin versprach, zur Überwachung des Waffenstillstands 400 russische Blauhelme nach Sarajevo zu schikken. Außerdem werde er im Uno-Sicherheitsrat sein Veto einlegen, falls dieser auf eine Bombardierung serbischer Stellungen bestehe. Damit konnte auch Karadzic sein Gesicht wahren, wich er doch nicht dem Druck des Westens, sondern handelte im Einklang mit seinen slawischen Freunden in Moskau.[57]

Auf diese Weise erreichte Boris Jelzin die relative Befriedung der Stadt. Radovan Karadzic ließ seine schweren Waffen zunächst zurückziehen, der Uno-Sonderbeauftragte Yasushi Akashi bestätigte die Umsetzung der Forderungen des Ultimatums, und Boris Jelzin erzielte einen großen außenpolitischen Erfolg.

Karadzic macht mobil

Karadzic erklärte sich zwar bereit, die schweren Waffen zurückzuziehen, rief aber gleichzeitig die Generalmobilmachung aus. Daher schwante vielen, daß die schweren Waffen lediglich an andere Fronten verlegt würden. Offenbar sammelte Karadzic seine Kräfte zu einer großen Frühjahrsoffensive. Ausnahmslos alle wehrfähigen Männer und Frauen wurden zum Kriegs- oder Arbeitsdienst verpflichtet. Verbunden war die Generalmobilmachung mit der Androhung einer »rigorosen Ausschöpfung aller Rechtsmittel gegen Deserteure und andere Personen, die sich ihren militärischen Verpflichtungen« entzögen.[58]

Die beiden anderen Kriegsparteien reagierten mit Trotz. Alija Izetbegovic tönte, er werde auch weiter ohne faires Angebot keinen Friedensvertrag unterschreiben – »weder jetzt noch in einem Jahr«. Das wurde als Hinweis darauf gewertet, daß auch die bosnisch-muslimische Seite, die wohl trotz des Embargos hatte aufrüsten können, eine militärische Konfrontation suchte. Die Kroaten glichen offenbar ihre Verluste im Kroatischen Verteidigungsrat (HVO) aus, indem sie Kämpfer über die Grenze nach Bosnien einschleusten. Der US-Geheimdienst sprach von 5.000 bis 10.000 Soldaten.[59] Erst Ende 1994 monierte dies die Uno. Thant Myint-U, UN-Sprecher in Sarajevo, verlangte den sofortigen Rückzug der kroatischen Soldaten in Bosnien, die eine neue Front bei Glamoc, 40 Kilometer westlich von Kupres, miteröffnet hätten. »Diese Partizipation der kroatischen Armee ist ein klarer Bruch internationalen Rechts und eine Verletzung der Souveränität des Territoriums Bosnien-Herzegowinas«, sagte Thant.[60]

Schon zwei Wochen nach dem Kompromiß bezüglich Sarajevo schossen amerikanische Nato-Maschinen des Typs F-16 bei Banja Luka vier serbische Flugzeuge ab, die das Flugverbot über Bosnien mißachtet hatten. Karadzic mußte außerdem mitansehen, wie sich Muslime und bosnische Kroaten nach monatelangen Gefechten die Hand reichten und eine Föderation in Bosnien-Herzegowina und gleichzeitig eine Konföderation mit Kroatien abschlossen. Die muslimisch-kroatische Föderation bedeutete für Karadzic, daß ein Staat Bosnien-Herzegowina nicht erhalten werden konnte. Lauter noch als je zuvor forderte er einen eigenen Staat mit Zugang zum Meer. »Ich schlage vor«, empfahl er im März 1994 nachdrücklich seinem Parlament in Pale, »daß wir jede Beteiligung an der muslimisch-kroatischen Konföderation ablehnen. Nach zwei Jahren des Krieges und nach so vielen Opfern haben wir nicht das Recht, mit ihnen in einen gemeinsamen Staat einzutreten.«[61]

Karadzic will auch im Frieden gewinnen

Karadzic fürchtete offenbar den Frieden mehr als eine Fortsetzung des Krieges. Vielleicht jagte ihm der alte serbische Spruch Angst ein: »Wir Serben gewinnen stets die Kriege und verlieren dann den nachfolgenden Frieden.« Die Serben hatten über die Osmanen gesiegt und waren von Habsburg über den Tisch gezogen worden; auch 1914 hatten sie gesiegt, wurden dann aber 1941 von den kroatischen Faschisten verraten; und 1945 waren die Serben wiederum die Sieger – um sich unmittelbar anschließend an den Kommunismus zu verlieren. Als Sieger betrachteten sich endlich auch die Tschetniks 1992 an den bosnischen Fronten. Diesen glänzenden Erfolg wollte sich Karadzic von niemandem mehr nehmen lassen – egal, mit welchen Mitteln er errungen worden war. In der Hoffnung, mehr für sich herauszuschlagen, lehnte er den Owen-Stoltenberg-Plan ab. Als Folge verloren nun die letzten Verbündeten, die ihm geblieben waren, die Geduld.

Der vierte internationale Friedensplan, ausgehandelt von der sogenannten Kontaktgruppe (bestehend aus den USA,

Rußland, Großbritannien, Frankreich und Deutschland), hatte wieder eine Dreiteilung des Landes gefordert. Für die Serben waren 49 Prozent des Bodens vorgesehen, für Kroaten und Bosniaken 51. Karadzic hätte auf rund 10.000 eroberte Quadratkilometer verzichten müssen, und mit ihnen auf die Städte Jajce und Doboj in Mittelbosnien. Allerdings kam ihm der Plan in einzelnen Punkten weiter entgegen als alle zuvor: Er sah in Nordbosnien einen 2,4 Kilometer breiten Korridor als Verbindung der serbischen Gebiete vor; Sarajevo sollte für weitere zwei Jahre unter Uno-Aufsicht gestellt werden, womit eine Teilung der Stadt vorprogrammiert war; eine mögliche Rückkehr der Zehntausenden von Kroaten und Muslimen in ihre alten Wohnstätten wurde nicht ausdrücklich gefordert. Auch fehlten eindeutige Bestimmungen über die Einbindung der serbischen Gebiete in den Staat Bosnien-Herzegowina; dies ließ den Serben die Möglichkeit offen, sich später per Referendum an Serbien anzugliedern.[62] Offenbar sah sich Karadzic dennoch nicht veranlaßt, den Plan anzunehmen. Der Korridor war ihm nicht breit genug, er forderte mindestens vier Kilometer. Aus militärischen Gründen ist dies verständlich. Denn im Norden standen kroatische Raketen, im Süden muslimische Truppen. Bereits zweimal hatte Karadzic den wichtigen Durchgang zu den westlichen Gebieten vorübergehend verloren. Er regte an, muslimisch besetzte Regionen in Ostbosnien gegen serbisch besetzte Gebiete um Sarajevo zu tauschen. Seine größten Ziele aber waren Bihac und das zugesicherte Recht, sich ebenso wie die muslimisch-kroatische Föderation mit Serbien zusammenzuschließen.

Mit diesen Zusatzforderungen hielt Karadzic die Vermittler zunächst hin, wie er es schon beim Vance-Owen-Plan getan hatte. Sanktionen für den Fall der Ablehnung, etwa Nato-Luftangriffe, waren per Veto Rußlands schon im Vorfeld ausgeschlossen worden. Aus Erfahrung hoffte er auf die Nachgiebigkeit der Vermittler.

Am 20. Juli 1994 stimmten Kroaten und Muslime dem Plan »bedingungslos« zu, obwohl auch ihnen statt der geforderten 58 nur 51 Prozent des gesamten Territoriums zugesprochen worden waren. Insbesondere schmerzte den bosnischen Ministerpräsidenten Silajdzic der Verlust von Prijedor in Nordbosnien, das vor den »ethnischen Säuberungen« mehrheitlich muslimisch bewohnt gewesen war. Izetbegovic stellte nun doch die Bedingung, die territoriale Integrität Bosnien-Herzegowinas müsse erhalten bleiben – und damit schien die Umsetzung des Plans von vornherein unrealistisch. Wirklich zufrieden war keine der Parteien. Izetbegovic meinte: »Wir denken nicht, daß der Plan gut ist. Im Gegenteil, der Plan ist schlecht. Aber alle anderen Optionen sind schlechter.«[63] Mit ihrer Zustimmung erreichten die Muslime zumindest eines: Sie erhielten sich die Gunst der Großmächte.

Das schwarze Schaf war und blieb Radovan Karadzic. In bekannter Manier und geradezu masochistischer Zielsicherheit forderte er wie stets Maßnahmen gegen sich heraus, die den Mythos vom geschlagenen und unverstandenen serbischen Volk untermauerten. Den Plan der Kontaktgruppe bezeichnete er als »amerikanisches Diktat«. Die Handschrift verrate, daß US-Außenminister Warren Christopher ihn seinen vier Kollegen aufgezwungen habe. Mit der Erklärung, der Plan werde dennoch geprüft, spielte Karadzic auf Zeit.

Ende Juli – die Serben hatten sich noch immer nicht entschieden – beriet die Kontaktgruppe über eine Verschärfung der Sanktionen gegen Rest-Jugoslawien und die Aufhebung des Waffenembargos gegen die Muslime. Milosevic drohte daraufhin den bosnischen Brüdern mit einem Embargo für den Fall, daß sie den Kontaktgruppen-Plan ablehnten. Dazu hätten die bosnischen Serben nicht das Recht, so Milosevic: »Jetzt, wo euch Frieden angeboten wird, nehmt ihr euch das Recht heraus, über das Schicksal Jugoslawiens zu entscheiden.« Auch Moskau warnte davor, den Friedensplan erneut zu untergraben.[64]

Frankreichs Außenminister Alain Juppe startete einen – erfolglosen – »letzten Appell« an die Serben: »Ich würde mir wünschen, daß das Parlament in Pale nicht den Krieg wählt, denn der zeichnet sich am Horizont ab, wenn die Antwort nein sein wird.« Auch Karadzic machte dem Parlament deutlich, daß er bei einer Ablehnung des Plans den totalen Kriegszustand und erneut die Generalmobilmachung werde ausrufen müssen. Versorgungsgüter müßten rationiert werden. »Wenn wir den Plan nicht akzeptieren, müssen wir mit einer Verschärfung des Krieges rechnen, der sich über unsere Landesgrenzen hinweg ausdehnt.« Man müsse in diesem Fall stark genug sein, die »Feinde in kürzester Zeit niederzuringen«. »Ich biete Euch Blut, Schweiß und Tränen.«[65]

Am 3. August lehnten Karadzic und das Parlament in Pale den Plan dennoch ab und kündigten für Ende August ein Referendum an. Milosevic machte unter starkem internationalen Druck seine Ankündigung wahr und ließ die Grenzen zum bosnischen Serbengebiet schließen sowie die Telefonleitungen kappen. Auch Moskau brach den Kontakt zu Pale ab. Trotz dieses Embargos sprachen sich 90 Prozent der bosnischen Serben am 27. und 28. August 1994 für den Kurs Karadzic' aus.[66]

Karadzic: »Mit viel weniger als 64 Prozent zufrieden«

Mit der Belgrader Reaktion auf die Ablehnung des Plans der Kontaktgruppe hatte in Pale wahrscheinlich dennoch niemand gerechnet: Es kam zum Bruch. Milosevic zürnte seinem Statthalter in Bosnien, der offenbar nicht mehr seinen Wünschen und Zielen gehorchte, und verhängte am 4. August 1994 ein Embargo gegen die Serbische Republik in Bosnien. Doch auch der Belgrader Außenminister Vladislav Jovanovic verlangte eine schriftlich Garantie für die Souverä-

nität der Serbenrepublik und die Möglichkeit eines Anschlusses an Serbien. Er lehnte eine Stationierung internationaler Beobachter entlang der Grenze zwischen Serbien und
Bosnien an der Drina ab, die der Überwachung des Belgrader Embargos gegen Pale dienen sollte: Das sei eine innerser-
bische Angelegenheit. Später durften aber doch Beobachter
stationiert werden. Jovanovic bekundete jedoch, daß sich die
bosnischen Serben mit den ihnen angebotenen 49 Prozent
des Territoriums zufriedengeben müßten. Der Krieg müsse
endlich beendet werden und der »Prozeß von Verhandlungen über eine endgültige politische Lösung« beginnen.[67]

Karadzic glaubte dagegen nicht daran, daß der Friedensplan die Eigenstaatlichkeit garantierte – und hatte damit vermutlich recht. Sein Mißtrauen konnte jedoch, so Jovanovic,
durch eine ausdrückliche Bestätigung beseitigt werden. Im
übrigen könne man den Serben, die keine Minderheit, sondern staatsbildendes Volk seien (das war ihr Status im alten
Jugoslawien), nicht das Selbstbestimmungsrecht vorenthalten, das man Slowenen und Kroaten so selbstverständlich
zugestanden habe. Er verschwieg dabei tunlichst, daß er dieses Selbstbestimmungsrecht den Albanern im Kosovo ebenfalls verweigerte. Am 30. September 1994 forderte Karadzic
ausdrücklich die Souveränität seines Landes, bot aber im
Gegenzug Zugeständnisse in der Frage der territorialen Verteilung an. Er sei, gab sich Karadzic kompromißbereit, auch
mit »viel weniger als 64 Prozent des Landes zufrieden, das
uns gehört«.[68]

Gene und Geschichte: »Wir sind ein widerspenstiges Volk«

Je härter die Maßnahmen der internationalen Gemeinschaft
wurden, je mehr sich die Serben isolierten, desto trotziger
verhielt sich Karadzic. »Wir sind ein widerspenstiges Volk«,

bemühte er erneut Gene und Geschichte. »Je mehr die Serben in Gefahr kommen, desto mutiger treten sie der Gefahr entgegen«.[69]

Das Argument vom ewig bedrohten serbischen Volk durchzieht die serbische Geschichte der letzten Jahrhunderte. Das großserbische Reich unter der Regentschaft der Nemanjiden beherrschte im 14. Jahrhundert den ganzen Balkan. Die Schlacht am Amselfeld (Kosovo Polje), auf dem sich die Serben 1389 den Türken geschlagen geben mußten, ist Legende. Heldenmütig hatten die Männer von Serbenführer Lazar den Attacken der Türken widerstanden, sogar den türkischen Sultan Murad I. getötet. Schon wollte man den Sieg feiern, da vernichtete Murads Sohn das Heer der Christen und ließ Lazar köpfen. Lazar wurde zum Märtyrer, heiliggesprochen als einer, der statt zu kapitulieren »das Königreich des Himmels« gewählt habe. Slobodan Milosevic inszenierte am 600. Jahrestag dieses Ereignisses eine Demonstration des neuen serbischen Nationalbewußtseins. Zwei Millionen Menschen versammelten sich auf dem ehemaligen Schlachtfeld und erhoben damit noch einmal nachdrücklich Anspruch auf das Kosovo als serbisches Kernland. Die mehrheitlich muslimischen Bewohner dort werden gewaltsam unterdrückt. Die Serben, so wird es auch Karadzic erzählt bekommen haben, hatten sich im Kosovo für Europa geopfert. Ein weit verbreitetes kitschiges Bild von einem Mädchen, das auf dem Amselfeld einen sterbenden Helden labt, soll nach einem Bericht des Nachrichtenmagazins *Der Spiegel* auch in Karadzic' Residenz hängen.[70]

Auf der Flucht vor den vorrückenden Osmanen halfen im 17. Jahrhundert Zehntausende von Serben beim Bau des habsburgischen Grenzverteidigungssystems mit. Als Wehrbauern erhielten sie Grund und Boden und mußten kaum Steuern bezahlen, sich dafür aber zur Verteidigung der Grenzen verpflichten. Entlang dieser Militärgrenze (Vojna Krajina), die sich von der Adria an der bosnischen Grenze vorbei bis nach Slawonien zieht, wo einst Serben Boden gegen ihr Blut gekauft hatten, lebten noch 1990 viele Serben. In manchen Landkreisen stellten sie sogar die Mehrheit.

1804 erhoben sich die Serben unter Karadjordje gegen die Türken und erreichten eine begrenzte Selbstverwaltung. Ihre neue Schutzmacht Rußland duldete allerdings weiterhin die Oberherrschaft der Osmanen. Erst 1878 sorgte der Berliner Kongreß für serbische Unabhängigkeit. Der Anspruch Belgrads auf Bosnien-Herzegowina blieb aber unberücksichtigt. Auch die Muslime in Bosnien wehrten sich zunächst gegen die einmarschierenden Heere der Donaumonarchie. Diese brauchten drei Monate, bis sie ihr Mandat ausüben konnten und das Land gänzlich kontrollierten. 100.000 Muslime flüchteten in den Sandschak, das Gebiet um Novi Pazar, die Verbliebenen arrangierten sich rasch mit den Besatzern. Die bosnischen Kroaten begrüßten die Herrschaft der k.u.k.-Monarchie über Bosnien.

Als die Serben aus Nationalismus Ansprüche auf Bosnien anmeldeten, annektierte Habsburg 1908 das Gebiet, das bis dahin formal noch immer dem Sultan gehört hatte. Das Attentat des jungen serbischen Nationalisten Gavrilo Princip auf den österreichischen Thronfolger Franz Ferdinand nahmen Wien und Berlin als willkommene Provokation für den Ersten Weltkrieg. Der Widerstand der Serben war im Oktober 1915 gebrochen, zahllose bosnische Serben wurden als Kollaborateure hingerichtet. Doch 1918 gelang es den Serben mit Unterstützung Frankreichs, den deutschen und österreichischen Verbänden eine Niederlage zu bereiten.

Man gründete das Königreich der Serben, Kroaten und Slowenen. Doch ständig schwelten die Konflikte zwischen Kroaten und Serben und fanden im Zweiten Weltkrieg ihren Höhepunkt. Wieder stilisierten sich die Serben als Märtyrer im Partisanenkampf gegen den deutschen und kroatischen Faschismus. Die serbischen Tschetniks in Bosnien traten allerdings gegen die kommunistischen Partisanen an und kämpften für ein Königreich. Die Montenegriner hatten 1941 sogar die Italiener als Befreier und Verbündete im Kampf gegen Titos Partisanen gefeiert. In ihren Häusern, so jubelte die deutsche nationalsozialistische Presse 1942, hinge die Hakenkreuzfahne neben der bulgarischen. Die Partisanen setzten sich bald durch, wenngleich unter hohen Verlusten. Die Tschetniks aber, von den Tito-Partisanen ebenso bekämpft wie die Faschisten, kämpften zuletzt sogar gemeinsam mit letzteren gegen ihre Brüder.

Nach 1945 bestrafte Tito diejenigen, die ihm im antifaschistischen Kampf nicht gefolgt waren. Auch Karadzic' Vater saß kurze Zeit im Gefängnis. Er muß ihm später von den Heldentaten des Tschetnik-Führers Draza Mihajlovic erzählt haben, der von Tito hingerichtet worden war. Und auch die Bewunderung für Gavrilo Princip lehrte ihn wohl sein Vater, der das Attentat auf den österreichischen Thronfolger verklärte. Unter Tito, der es mit gelegentlich harten Maßnahmen verstand, die Gegensätze unter den Volksgruppen auszugleichen, sahen sich diese chauvinistischen Kreise benachteiligt.

Karadzic läßt weiter »säubern«

Mit dieser ewigen Benachteiligung der Serben sollte unter dem großen Serbenführer Radovan Karadzic Schluß sein. Aus der Geschichte will er das serbische Volk als ein »Weltwunder« erkannt haben. Es sei der Erretter der europäischen Welt vor dem Islam. Fünf Jahrhunderte hätten die Serben unter den »Türken« gelebt und seien daher am besten in der Lage, »die Ziele dieses Kraken zu erkennen«.[71] Keine Kompromisse zu machen, war Karadzic' Linie. Wollten die Serben wie Serben leben, so mußten sie unter sich sein.

Unbeeindruckt davon, daß nun offenbar die ganze Welt gegen Pale stand, ließ Karadzic weiter vertreiben; etwa in Bijeljina. Nach Protesten von Unprofor, der Schutztruppe der Vereinten Nationen, hatte Karadzic versprochen, die Vertreibungen einzustellen. Doch schon einen Tag später erreichten neue Flüchtlinge die Demarkationslinie bei Tuzla. Auch Banja Luka und Prijedor säuberten Karadzic' Vasallen.

In der Regel gehen die Serben dabei – auch heute noch – so vor: An der Tür erscheinen Serben, die sich als Militärpolizisten ausgeben oder gar nicht erst legitimieren. Sie übergeben dem Eigentümer oder Bewohner ein Schriftstück des staatlichen Umsiedlungs- und Wohnungsamtes. Es besagt, daß die Betroffenen ihr Haus binnen einer meist knapp bemessenen Frist verlassen müssen. In Bijeljina beispielsweise heißt der Herr über die Geschicke der Muslime »Major Vojkan«. Vojkan Djurkovic, so berichtete *Die Weltwoche*, sei Vorsitzender der »Kommission für den Austausch von Zivilpersonen und Kriegsgefangenen«. Niemand wisse, wer ihn ernannt habe und wem er verantwortlich sei. In seinem Büro müßten »Abreisewillige« oder »Umzusiedelnde« sich melden und auf einigen Papieren ihren Verzicht auf Hab und Gut bestätigen. Der »Major« persönlich soll auch die Abschiebung an der Demarkationslinie überwachen. Oft würden Männer zurückgehalten, um Zwangsarbeit abzuleisten – vom Straßenkehren bis zum Bau von Schützengräben. Nach einigen Wochen erst würden auch sie nach Tuzla entlassen. Häufig seien Gruppen auf ihrem Weg durch die Frontlinien im Majevica-Gebirge spurlos verschwunden.[72] Laut Karadzic handelt es sich dabei nur um Übergriffe von nicht kontrollierbaren Freischärler-Gruppen. So argumentierte er schon zu Beginn des Bürgerkrieges 1992.

»Wir lassen uns nicht aufhalten«

Der Vormarsch auf Bihac im Nordwesten Bosniens ging unterdessen 1994 weiter. Auf die Proteste der Uno antwortete Karadzic unmißverständlich: »Diesmal lassen wir uns nicht aufhalten.« Seine Truppen sollen alle muslimischen und kroatischen Dörfer, die sie vom Süden her kommend eroberten, zerstört und verbrannt haben, auch solche, die innerhalb der Schutzzone lagen. Mehr als 60.000 Menschen lebten in panischer Angst vor den Serben in der seit zwei Jahren eingeschlossenen Stadt. Karadzic hatte verlauten lassen, er gehe nicht gegen die Bevölkerung vor, sondern wolle lediglich das in Bihac stationierte 5. Korps der bosnischen Armee neutralisieren. Dieses habe zuvor aus der Schutzzone heraus eine Offensive gegen seine Truppen gestartet.[73] Karadzic besetzte ein Drittel der Zone, ließ dann aber seine Soldaten stoppen. Offenbar wollte er die Einnahme von Bihac einem anderen überlassen, um nicht direkt gegen Uno-Vereinbarungen zu verstoßen.

Der Verbündete, der für Karadzic die Kastanien aus dem Feuer holen sollte, war der Moslem Fikret Abdic. Er hatte rund um Velika Kladusa, 40 Kilometer nördlich von Bihac gelegen, eine »autonome Republik« ausgerufen und bereits im Herbst 1993 einen Separatfrieden mit Karadzic und den benachbarten Kroaten abgeschlossen. Militärische Unterstützung sah der Vertrag nicht vor, er schloß lediglich bewaffnete Konfrontationen aus. Im August 1994 flüchtete Abdic mit seinen Soldaten vor den äußerst brutal vorgehenden bosnischen Regierungstruppen in die serbische Krajina. Im November kehrte er im Windschatten Karadzic' zurück, um seine »autonome Republik« gegen »Izetbegovics Halbmond-Diktatur« (Abdic) zu verteidigen. 6.000 muslimische Freischärler bekämpften zur Jahreswende die in Bihac stationierten muslimischen Regierungssoldaten des 5. Korps.[74]

Karadzic gewann durch seinen merkwürdigen Verbündeten eine Nachschubstation, die kaum 500 Meter von der Grenze zur Krajina entfernt lag. Dort gelangten angeblich täglich bis zu 80 Tonnen Erdöl aus Kroatien zu den serbischen Truppen in Bosnien. Ein Sieg dort bedeutete für Karadzic auch die Kontrolle über einige wichtige Eisenbahnlinien der Region. Die Uno lehnte Luftangriffe gegen serbische Stellungen ab, um Verhandlungen nicht zu gefährden.

Kurz vor Weihnachten vermittelte der ehemalige US-Präsident Jimmy Carter eine Waffenruhe bis 30. April 1995, in der sich die Kontrahenten laufend gegenseitig provozierten. Ungeachtet des Waffenstillstandes ließ Karadzic Bihac weiter beschießen. Im März verbuchten die Serben weitere Geländegewinne.

Bosnische Regierungstruppen unternahmen unter anderem eine erfolgreiche Offensive in Tuzla und den Vlasiv-Bergen in Zentralbosnien. Auf die erfolgreiche Offensive der Regierungstruppen reagierte Karadzic, indem er die Generalmobilmachung anordnete. Unter dem Vorwand, es hätten auch Offensiven aus den Uno-Schutzzonen heraus stattgefunden, griff er im März Gorazde mit Artillerie an. Für den Fall weiterer Aktionen gegen Gorazde, aber auch gegen Srebrenica und Zepa, drohte der Oberkommandierende der Uno-Schutztruppen, Rupert Smith, schließlich »eine robuste Antwort« an, »auch den Einsatz von Luftkräften«.[75] Karadzic ließ zuletzt sogar Uno-Soldaten unter Beschuß nehmen. Die Uno forderte daraufhin von der Nato die Präsenz von Kampfflugzeugen, nicht jedoch deren Einsatz.

Die Aussicht, den Waffenstillstand in einen dauernden Frieden umwandeln zu können, erwies sich zunehmend als illusorisch.

Karadzic' totaler Krieg

»Kampf bis zum Endsieg« lautet Karadzic' Parole seit November 1994. Die amerikanische Ankündigung, Waffenlieferungen an die Muslime passieren zu lassen, mahnten ihn zur Eile. Der Oberkommandierende der bosnischen Regierungstruppen, General Rasim Delic, zeigte im März 1995 die Zähne: Auch seine Truppen seien zum Kampf bereit.

Militärische Niederlagen häuften sich für Karadzic. Nach schweren Schlägen östlich von Bihac verhängte er den Kriegszustand über Westbosnien. Kroatische und muslimische Verbände nahmen Kupres ein und unterbrachen damit die Verbindung der Serben in der Krajina und Westbosnien zu denen in der Herzegowina. Daraufhin rief Karadzic am 27. März 1995 die Generalmobilmachung aus. Die Republika Srpska müsse das gesamte Potential an Menschen und Material mobilisieren. Alle Bürger zwischen 18 und 60 Jahren seien betroffen, nicht nur die Männer. Das sei seine Antwort auf die Unfähigkeit der Uno und der EG, die Offensive der Kroaten und Muslime zu stoppen. Nun werde er eben »das Rückgrat der bosnischen Armee brechen«.[76]

Anfang April ließ Karadzic Sarajevo unter Beschuß nehmen. Seine Soldaten benutzten dabei schwere Granatwerfer, die in der Schutzzone verboten sind. Drei Zivilisten starben. Uno-Kommandeur Smith forderte Nato-Flugzeuge an, die mit Tiefflügen über die serbischen Stellungen den Beschuß beendeten. Auch im weiteren Verlauf des April kam es trotz des Waffenstillstands zu Kampfhandlungen. Zwei weitere UN-Soldaten, diesmal Franzosen, starben als Opfer Nr. 158 und 159 durch gezielte Schüsse.

Karadzic forderte unterdessen seine Landsleute auf, bis zum »Endsieg« zu kämpfen[77] – im Kampf für Europa und das Christentum! Die internationale Gemeinschaft könne dieses hohe Ziel offenbar nicht erkennen, so Karadzic. Seiner Meinung nach bereiteten die »Türken« unter dem Schutz der Blauhelme in den Schutzzonen ihre Aktionen vor.

Bei Maßnahmen zur Entwaffnung durch die Nato sah er sich benachteiligt. Im Frühjahr 1995 etwa sollten Moslems und Serben ihre schweren Waffen abliefern. Keine der beiden Seiten hielt sich an das Ultimatum. Als die Nato deshalb im Mai Luftangriffe gegen Ziele nahe Pale flog, antwortete Karadzic mit der Bombardierung der nordbosnischen Stadt Tuzla. 71 Menschen starben.

Für Karadzic stand die Uno damit ganz klar auf der Seite der Muslime und war so als Freund des Feindes auch sein Feind. Seit April 1994 ließ er daher immer wieder Blauhelme gefangennehmen. Als allerdings im Frühjahr 1995 nicht nur erneut 366 Uno-Soldaten festgesetzt wurden, sondern einige von ihnen mit Handschellen an Geländer von Brücken oder vor den Eingängen von Munitionsdepots gekettet wurden, schrie die Weltöffentlichkeit empört auf. »Menschliche Schutzschilde« sollten sie sein gegen weitere Nato-Luftangriffe. Diese Taktik hatte zuvor nur Iraks Diktator Saddam Hussein gegen die Soldaten der Vereinten Nationen anzuwenden gewagt. Karadzic sperrte den gesamten Luftraum über dem von ihm beherrschten Teil Bosniens und verkündete, er werde jedes feindliche Flugzeug abschießen lassen. Die Uno-Resolutionen, bisher über 70 an der Zahl, erklärte er für »nicht mehr bindend, sondern null und nichtig«.

Karadzic, so scheint es, steht mit dem Rücken zur Wand. Das seien »irrationale und inakzeptable Handlungen«, klagte der Belgrader Außenminister Vladislav Jovanovic.[78] Die Welt nahm es als Kriegserklärung. Etwas mehr als eine Million bosnische Serben stehen gegen fünf Milliarden. Man könnte auch sagen: Einer, der »geltungssüchtige Chauvinist«[79] Radovan Karadzic, steht gegen den Rest der Welt.

4. Angeklagter Karadzic:
Die Verbrechen der »wilden Männer«

An die NS-Judengesetze fühlte sich Tilman Zülch, Vorsitzender der »Gesellschaft für bedrohte Völker«, im Jahr 1993 erinnert angesichts einiger Sonderbestimmungen, die Karadzic' Parlament in Pale verabschiedet hatte. Muslime und Kroaten, die noch nicht in »Konzentrationslagern« gestorben, in geschlossenen Güterwaggons erstickt oder standrechtlich erschossen worden seien, hätten zahlreiche Verbote zu beachten:

Sie dürften sich nicht in öffentlichen Gebäuden aufhalten, die Straßen nur zu bestimmten Zeiten betreten, öffentliche Verkehrsmittel nicht benutzen und ihre Angehörigen nicht in Begleitung von mehr als zwei Personen beerdigen. Sie könnten außerdem jederzeit zu Zwangsarbeit herangezogen werden.[1] Zülch neigt grundsätzlich nicht dazu, die Einzigartigkeit der nationalsozialistischen Verbrechen zu relativieren. Dennoch war es ihm mit diesem Vergleich zwischen der Vernichtung jüdischen Lebens in Deutschland und der Vernichtung muslimischen Lebens in Bosnien-Herzegowina durchaus ernst.

Neun von zehn Mördern enden in der Bundesrepublik im Gefängnis, die Massenmörder vom Balkan werden als Staatsmänner hofiert. Die volle Aufmerksamkeit der Kameras ist nicht im Gericht, sondern im Konferenzsaal auf sie gerichtet. Völkermörder und Kriegsverbrecher aus dem ehemaligen Jugoslawien hatten lange in kaum einem der Staaten Europas Repressionen zu befürchten. Mit der Verhaftung eines serbischen Kriegsverbrechers in München und der Einrichtung eines internationalen Gerichts scheint dies nun anders zu werden. Am 25. Mai 1993 beschloß der UN-Sicherheitsrat mit Resolution 827 endgültig, ein Internationales Jugoslawien-Tribunal einzurichten. Dienen solle es »dem einzigen Ziel der strafrechtlichen Verfolgung von Personen, die verantwortlich sind für schwere Verletzungen der internationalen Menschenrechte auf dem Gebiet des früheren Jugoslawien zwischen dem 1. Januar 1991 und einem Datum, das vom Sicherheitsrat festgelegt wird nach der Wiederherstellung des Friedens«. Ganz oben auf der Liste: Radovan Karadzic.

Verfolgt werden könnten nach einer Liste des amerikanischen Außenministers Lawrence Eagleburger als »unwiderlegbare« Kriegsverbrechen: Die Belagerung und Bombardierung Sarajevos, die Blockade von Hilfslieferungen für Bosnien, die Zerstörung der kroatischen Stadt Vukovar Ende 1991, die Terrorisierung der Muslime von Banja Luka, die Geschehnisse in den Internierungslagern und eine lange Liste von Hinrichtungen und Massakern.[2] Hinzu käme die Zerstörung einer Reihe von Kulturdenkmälern, die Erinnerungen auslöschen sollten: Das betraf in Sarajevo die Vernichtung der Nationalbibliothek durch serbische Brandbomben am 26. August 1992, in Mostar die Zerstörung der Brücke, die am 9. November 1993 nach einem kroatischen Granatbeschuß in die Neretva stürzte. Die Brücke war ein Symbol gewesen für das einst friedliche Zusammenleben der Völker in Bosnien und der Herzegowina. Zudem wurden Hunderte von Kirchen und Moscheen verwüstet.

Weder das Amt des Staatschefs soll laut Beschluß künftig vor Strafverfolgung schützen noch die Berufung Untergeordneter auf Befehlsnotstand. Einzelstraftäter sollen für ihre Beteiligung an schweren Kriegsverbrechen, Völkermord, ethnischen Säuberungen und kollektiven Vertreibungen bestraft werden können. Die Todesstrafe darf jedoch nicht verhängt und niemand in Abwesenheit verurteilt werden. Einem vom Tribunal Angeklagten darf kein Staat Asyl gewähren. Eine Anklage des Tribunals könnte Karadzic' Bewegungsfreiheit erheblich einschränken – für die USA gilt er schon lange als Kriegsverbrecher.

Bereits im Sommer 1992 berichtete eine Arbeitsgemeinschaft mit dem Titel »Rettet die Menschlichkeit« über »Konzentrationslager« und Massenmorde in Bosnien. Genannt wurden: ein Lager im Save-Hafen von Brcko, wo mehr als 3.000 Gefangene umgebracht worden sein sollen; das Fußballstadion des Vereins »Brüderlichkeit« in der westbosnischen Stadt Zvornik mit 2.000 Toten; das Gefängnis in Foca mit mehr als 1.000 Toten; das Sportzentrum in Visegrad an der Drina mit 1.000 Toten; das Lager Susica in Vlasenica mit mehr als 1.000 Toten; die Hotelpension Sonja in Vogosca mit mehr als 100 Toten; das Lager Vraca in Sarajevo mit mehr als 500 Toten und die Keramikfabrik in Zvornik mit 400 Toten. Über 100.000 Zivilisten waren nach Angaben der Organisation bis Juli 1992 im bosnischen Bürgerkrieg getötet worden.[3] Zudem machte die »Gesellschaft für bedrohte Völker« die Serben dafür verantwortlich, daß in Bosnien-Herzegowina täglich 500 Menschen an Hunger stürben. 1,5 Millionen Muslimen und Kroaten drohe der Kälte- und Hungertod.[4]

Der Göttinger Verein forderte vehement eine Anklage gegen Karadzic und Mladic, aber auch gegen Milosevic. Die restjugoslawische Armee habe im Frühjahr und Sommer 1992 zusammen mit paramilitärischen serbischen Banden und fanatischen serbischen Nationalisten »militärische Aktionen gegen meist unbewaffnete Städte und Dörfer in Nord, West- und Ostbosnien« unternommen. Aus diesen drei Formationen sei Karadzic' Armee entstanden, die Mladic anführt. Nachschub habe sie aus Belgrad bekommen, das damit am Genozid an den Muslimen beteiligt sei.[5]

Ein französischer Fotograf berichtete über eines dieser Massaker: Auf dem Weg von Sarajevo nach Tuzla lagen 29 männliche Leichen auf der Straße, alle in Zivil. Es handelte sich um Insassen eines Busses, der vor dem Ort Nova Kasaba von Serben aufgehalten worden war. Man hatte die Männer

Marsch ins Grauen: Bosnische Kriegsgefangene auf dem Weg in ein serbisches Gefangenenlager.

zum Aussteigen gezwungen und erschossen.[6] Eiskalter Mord. »Wilde Männer« nannte man Karadzic' Leute in Bosnien, die mit ihrem Terrorismus die Muslime in wenigen Städten zusammentrieben und die von den Serben beanspruchten Gebiete rasch nahezu »muslimfrei« machten.

Hohn und Spott für die Opfer

Karadzic beantwortete Hinweise auf Verbrechen seiner Soldaten immer ausweichend oder spöttisch. Die Flüchtlingsschlangen hätte nicht er zu verantworten; er räumte höchstens ein: »Da war vielleicht Angst vorhanden, aber kein Druck unsererseits. Alle sind freiwillig gegangen.« Vertreibungen sind für ihn eine »Homogenisierung der Bevölkerung«. Das sei »Bestandteil des Krieges« und auch »die Begleichung alter Rechnungen aus dem Zweiten Weltkrieg«.[7] Die Bilder von Toten in den TV-Nachrichten interpretierte er als »optische Täuschungen« oder muslimische Propaganda.

Ein gefangengenommener serbischer Freiwilliger gestand vor einem Gericht in Sarajevo 29 Morde, die er zwischen Juni und Oktober 1992 begangen habe. Er und seine Kameraden seien dazu ermuntert worden, muslimische Frauen zu vergewaltigen und sie dann an einsamen Orten zu töten, berichtete er. Der Tschetnik erzählte von Erschießungskommandos, die auch Kinder töteten. Und er erzählte von einer serbischen »Sonderermittlungsgruppe«, die Anfang Juni 120 Männer, Frauen und Kinder in einem Feld bei Vogosca mit Maschinengewehren niedergemäht hätte. Fünf Kilometer nördlich von Vogosca seien 30 Männer in einem Hochofen verbrannt worden, einige hätten noch gelebt, als sie ins Feuer geschoben wurden.

Borislaw Herak, der all das berichtete, soll oft das Wort »ciscenje« benutzt haben, das serbokroatische Wort für Säuberung. Bei der »Säuberung« eines Dorfes lautete der Befehl, niemand dürfe entkommen, und alle Häuser müßten niedergebrannt werden. »Das war ein Befehl, und ich habe einfach getan, was man mir gesagt hat.« Borislaw Herak (22) war der erste, der einen Eindruck davon gab, wie grausam und verbrecherisch Karadzic' Hinrichtungskommandos bei ihren »ethnischen Säuberungen« in den besetzten Gebieten vorgingen.[8] Herak wurde im März 1993 zum Tode verurteilt. Er erklärte nach dem Urteilsspruch, er habe die Strafe verdient, sei aber von seinen serbischen Befehlshabern aufgehetzt worden: »Sie sind die eigentlichen Verantwortlichen für den Krieg und die meisten Kriegsverbrechen.«[9] Auch den Muslimen und Kroaten werden Kriegsverbrechen vorgeworfen.

Bei Novi Travnik banden Kroaten Panzerabwehrminen an drei gefangene Muslime. Dann zwangen sie die Soldaten, zu ihren Einheiten zurückzukehren. Dort angekommen, zündeten die Kroaten per Fernsteuerung. Den Uno-Soldaten, die das Verbrechen aufklären wollten, beschieden die »Helden«: »Was die Serben schaffen, können wir auch.«[10] In der Krajina überfielen Kroaten drei serbische Dörfer und töteten vor allem alte Menschen und Frauen. Der ehemalige polnische Regierungschef Tadeusz Mazowiecki, Uno-Sonderbeauftragter für Menschenrechte in Ex-Jugoslawien, sprach von 67 Getöteten und 48 weiteren Opfern, von denen jede Spur fehle. Auf die Toten sei aus nächster Nähe geschossen worden.[11] Wann das Massaker stattgefunden hat, wurde leider nicht berichtet.

Slobodan Milosevic hatte 1991 und 1992 das Eingreifen der Jugoslawischen Volksarmee immer wieder damit begründet, er müsse die serbische Bevölkerung in der Krajina vor kroatischen Übergriffen schützen. Die *Süddeutsche Zeitung* sah deren Lage jedoch weniger dramatisch: »Tatsächlich war das Leben in Kroatien nach der Unabhängigkeitserklärung für Serben in manchen Gebieten schwieriger geworden, doch ein Anlaß zum brutalen Krieg bestand dort – und allemal in Bosnien – nicht. Aber die Eroberer gaben oder fühlten sich als Verteidiger, die Mörder als Notwehrtäter.«[12]

Bosnische Kroaten richteten Ende Oktober im mittelbosnischen Ort Stupni Do bei Vares ein Massaker unter den muslimischen Bewohnern an. Schwer bewaffnete Männer durchkämmten das wehrlose Dorf systematisch nach Einwohnern und erschlugen, erschossen, erdolchten jeden, den sie fanden. Einige sollen in ihre brennenden Häuser gestoßen worden sein. Die Soldaten feuerten die drei folgenden Tage auf Uno-Soldaten, um sie am Betreten des Dorfes zu hindern.[13] 15.000 kroatische Soldaten und Flüchtlinge flohen wenig später aus Vares, als bosnische Regierungssoldaten auf die Stadt zumarschierten.

Im Oktober 1993 meldete die bosnische Armee die Entdeckung eines Massengrabs in der Nähe von Mostar. Soldaten des Kroatischen Verteidigungsrates (HVO) sollen darin 567 Muslime verscharrt haben.[14] Vertreter der Vereinten Nationen berichteten, daß in kroatischen Gefängnissen, etwa in Drecelj und Gabela bei Mostar, Wasserentzug und Prügel zur Tagesordnung gehörten. Nachts hätten betrunkene Soldaten auf die gefangenen Muslime geschossen. Etwa 450 Häftlinge mußten sich bei ihrer Freilassung am Kontrollpunkt bis auf die Unterhose ausziehen, berichtete UN-Mitarbeiter Ray Wilkinson. Unter Maschinengewehrfeuer der Kroaten hätten sie dann über die Grenze laufen müssen; vier seien getötet worden. Kroatiens Präsident Franjo Tudjman forderte die bosnischen Kroaten auf, Gefangene human zu behandeln, nachdem dies bekannt geworden war.[15] Auch die Muslime verwüsteten zahlreiche Dörfer.[16] In Jablanica und Mostar vergingen sich Moslem-Soldaten an Zivilisten.[17]

Der Uno-Ermittler Tadeusz Mazowiecki kam zu dem Schluß: Alle drei Seiten sind verantwortlich für die Tötung von Zivilisten, für Beschießungen und das Legen von Landminen; serbische und kroatische Verbrechen hätten allerdings größere Ausmaße als die von Muslimen.[18] Eine weitere, inoffizielle Version der Untersuchungsergebnisse einer Uno-Kommission konstatierte, die größte Zahl der mutmaßlichen Täter seien bosnische Serben. Die Mehrheit der Opfer seien muslimische Frauen. »Ethnische Säuberungen« und Vergewaltigungen seien systematisch geplant und keinesfalls Ergebnis sporadischer Übergriffe von unorganisierten Gruppen.[19]

Ein Tribunal für Karadzic

Das Völkerrecht sieht einen Schutz der Zivilbevölkerung im Krieg vor. Es wurde festgeschrieben in der Anti-Völkermord-Konvention von 1948 und dem Vierten Genfer Abkommen von 1949 zum Schutz von Zivilpersonen im Krieg. Verboten sind demnach – neben Völkermord – die unmenschliche Behandlung von Zivilpersonen, Vergewaltigung, Folter, Plünderung und Geiselnahme; auch »ethnische Säuberungen« sind – allerdings nicht ausdrücklich – untersagt.

31,2 Millionen Dollar wollte sich die UN dieses Tribunal im ersten Jahr kosten lassen, elf Richter und 373 Hilfskräfte sollten nach den Worten des Uno-Generalsekretärs Boutros Boutros-Ghali baldmöglichst ihre Arbeit in Den Haag verrichten. Die Richter, unter ihnen zwei Frauen, wurden am 19. November 1993 vereidigt. Ihre erste Maßnahme: Tribunal-Präsident Antonio Cassese forderte mehr Geld, nämlich 33,2 Millionen Dollar für die Jahre 1994 und 1995.

Die Kriegsparteien lehnten ihre Kooperation ab, die für die Sammlung von Beweisen und die Verhaftung Beschuldigter so wichtig gewesen wäre. Auch Karadzic bekundete, niemanden je auszuliefern. Kriegsverbrechen würden von den Serben selbst bestraft. Im Januar 1995 kam es in der Tat zu einem ersten Prozeß der Serben gegen einen ihrer Männer in Bosnien. Der Krajina-Serbe Dusan Boljevic wurde des sechsfachen Mordes an wehrlosen Zivilisten für schuldig befunden und zu 20 Jahren Haft verurteilt.[20] In Dänemark verurteilte man den muslimischen Bosnier Refic Saric wegen Kriegsverbrechen, begangen an Kroaten im Gefangenenlager Dretelij, zu acht Jahren Haft. Als bosnischer Flüchtling war er nach Dänemark gekommen, dort aber von ehemaligen Gefangenen erkannt worden.[21]

Der erste Angeklagte des Haager Tribunals war dennoch einer von Karadzic' Leuten. Dem bosnischen Serben und früheren Kaffeehausbesitzer Dusan Tadic wird vorgeworfen, 1992 an 13 Morden beteiligt gewesen zu sein, darunter vier im berüchtigten Lager Omarska. Außerdem soll er 16 Häftlinge mißhandelt, eine Frau vergewaltigt und weitere Menschen gequält haben.[22] Die Bundesrepublik – Tadic war Anfang Mai 1994 in München festgenommen worden –

beschloß, ihn an das Den Haager Tribunal zu übergeben. Neben Tadic wurden 20 weitere Serben wegen ihrer Taten im Lager Omarska angeklagt.[23] Sie alle scheinen in Bosnien zu leben und werden nicht ausgeliefert.

Der Chefankläger des Gerichtshofes, Richard Goldstone, ermittelt seit April 1995 auch offiziell gegen Karadzic und Mladic wegen Völkermord, Verbrechen gegen die Menschlichkeit, Mord, Vergewaltigung, Folter und der Zerstörung kultureller und historischer Denkmäler.[24] Moskau sprach sich gegen eine Anklage von Karadzic und Mladic aus, da sie den Friedensprozeß gefährde.[25] Auch die Uno-Schutztruppen befürchten nun zusätzliche Behinderungen ihrer Arbeit durch Karadzic.

Die Öffentlichkeit dagegen fordert energisch Karadzic' Kopf. Der *stern* führte ihn kürzlich als zweiten Mann in einer Liste der »zwölf grausamsten Drahtzieher und Täter des Völkermords in Bosnien«. Die Hitparade der Kriegsverbrecher war überschrieben mit dem Titel: »Das dreckige Dutzend«.[26] Vor Karadzic setzten die Hamburger nur Slobodan Milosevic, den der Westen heute hofiere, obwohl er noch vor drei Jahren als Kriegsverbrecher gegolten habe. Der »wildgewordene Karadzic«, der der Uno den Krieg erklärt habe, müsse dagegen mit einer Anklage rechnen. Der *stern* nannte außerdem Ratko Mladic, den Oberbefehlshaber der bosnisch-serbischen Armee, und Mico Stanisic, ehemaliger Innenminister und Polizeichef von Pale. Stanisic soll sich am »Geheimpolizeiterror« gegen die muslimische Bevölkerung beteiligt haben, ebenso an der Zerstörung der Stadt Foca. Zudem macht man ihn verantwortlich für willkürliche Verhaftungen und Folter. 1994 war er als Innenminister zurückgetreten und untergetaucht. Fünfter im Bunde ist Vojislav Seselj, Vorsitzender der Radikalen Partei Serbiens und Anführer von Tschetnik-Milizen, die auch in Kroatien und Bosnien wüteten. Nachdem er 1992 von den USA zum Kriegsverbrecher erklärt worden war, tönte er: »Ich bin stolz auf diesen Titel.«

Zeljko Raznjatovic wird ebenfalls für Vertreibungen, Plünderungen und Morde in Slawonien und Ostbosnien verantwortlich gemacht. Auch gegen ihn ermittelt Den Haag; zudem wurde er bereits in Schweden, Belgien und der Bundesrepublik wegen Mordes und Bankraub gesucht. Er selbst schätzt sich nicht als Kriegsverbrecher ein, »sondern als Mann, der seine Pflicht getan hat«. Intern wird er Arkan genannt, der Tiger. Im Juli 1995 soll er auch in Srebrenica mit 200 Gefolgsleuten gewütet und Hunderte von männlichen Einwohnern der Stadt getötet haben. Velibor Ostojic, ehemals Karadzic' Informationsminister, wurde von Simon Wiesenthal als »Goebbels der bosnischen Serben« bezeichnet. Neben dem bereits angeklagten Dusan Tadic und Borislaw Herak, der ja durch ein bosnisches Gericht zum Tode verurteilt wurde, nannte der *stern*: Monika Simonovic, die als Frau eines Lagerkommandanten selbst an Morden beteiligt gewesen sein soll; Zeljko Mejakic, Leiter des inzwischen aufgelösten Lagers Omarska, und Dragoslav Bokan, Chef der ultranationalistischen serbischen Miliz »Weiße Adler«.[27]

Sollte es tatsächlich zu einer Anklage kommen, so hätte dies für Karadzic durchaus Bedeutung: er wäre gefangen im eigenen Land. Denn jeder Staat wäre dann dazu berechtigt, ihn festzunehmen und an das Tribunal auszuliefern. Allerdings: Welches Land würde es wagen, ihn festzusetzen? Immerhin wäre mit Terrorakten durch serbische Fanatiker als Vergeltung zu rechnen.

Die »Gesellschaft für bedrohte Völker« forderte den Schweizer Bundesrat schon 1993 auf, Karadzic ebenso wie den bosnischen Kroaten Mate Boban und den serbischen Präsidenten Slobodan Milosevic unter dem Verdacht der Kriegsverbrechen festnehmen zu lassen – beispielsweise, wenn diese sich in Genf zu den Friedensgesprächen träfen. Der Völkerrechtler Christian Tomuschat hielt diese Idee nicht für abwegig. Alle drei müßten als »Strategen des Gedankens der ethnischen Säuberung angesehen werden«. Sie seien damit hauptverantwortlich für schwere Kriegsverbrechen. Bei Milosevic sei dies allerdings nicht möglich, da er als führender Staatsmann Privilegien und diplomatische Immunität genieße. Bei Karadzic sehe dies vordergründig anders aus, weil seine »Republika Srpska« international nicht anerkannt sei. Als eingeladener Gast der Uno genieße er aber dennoch ähnlichen Schutz. Nur als Privatmänner könne man die beiden in der Schweiz festnehmen.[28] Da diese Möglichkeit wohl ausscheidet, bleibt als einziger Weg zu einer Verhandlung gegen Karadzic eine Niederlage der Serben in Bosnien.

Was aber im Fall eines serbischen Siegs? Karadzic mag die jüngsten Fernsehbilder aus dem Nahen Osten mit Zuversicht gesehen haben. Im Frühjahr 1995 traf sich dort Bundeskanzler Helmut Kohl mit dem Palästinenserführer Jassir Arafat, auch er ein ehemaliger internationaler »Terrorist«. Karadzic wäre nicht der erste Paria der Weltgemeinschaft, der international ganz schnell wieder zum Gesprächspartner aufsteigt.

5. Feindbild Ustascha:
»Bosnien gehört den Serben«

Ein kleiner Dorfpolizist in der Vojvodina schlug im Mai 1993 Alarm. Ein kroatischer Politiker, so meldete der aufmerksame Serbe, habe sich in Sombor eingeschlichen. Eine peinliche Entdeckung: In Sombor, Vojvodina, hatten sich mehrere serbische Politiker zu Gesprächen unter vier Augen mit den Emissären des kroatischen Präsidenten Franjo Tudjman getroffen. Dabei konnte es nur um eines gehen: Serben und Kroaten verhandelten wieder einmal im geheimen, wie sie Bosnien und die Herzegowina unter Ausschluß der Muslime untereinander aufteilen könnten.[1]

Die Verteilung des bosnischen Erbes galt seit längerem als stilles Ziel der Serben und Kroaten und war bereits in mehreren geheimen Gesprächen ihrer führenden Vertreter besprochen worden. Auch Karadzic befürwortete diese Lösung, die zu Lasten der Muslime gehen mußte. Die Muslime waren für ihn sowieso keine Nation, sondern konvertierte Serben. Zur Nation hatte sie erst der ihm verhaßte Tito gemacht. Daher wunderte es niemanden, daß Karadzic Mitte Mai 1993 aufhörte, über den Vance-Owen-Plan zu verhandeln, der seine und die kroatischen Wunschvorstellungen nicht erfüllen konnte.

Nicht, daß die Kroaten und Serben sich in der Vergangenheit geliebt hätten; dazu hatten sich die beiden Völker zu unterschiedlich entwickelt. Katholisch und zum Westen hin orientiert die einen, rechtgläubig und unter der Obhut einer östlichen Macht die anderen. Auch der Zusammenprall der beiden im Zweiten Weltkrieg und die Untaten der Ustascha vergaß man bis heute nicht. Selbst zu kommunistischen Zeiten hinterließen kroatische Nationalisten eine blutige Spur. 1962 überfielen Mitglieder der Ustascha-Organisation TUP die jugoslawische diplomatische Vertretung in Bonn. 1966 wurde Konsul Klaric bei einem Attentat in Meersburg schwer verletzt und der stellvertretende Generalkonsul aus München, Sava Milovanovic, in Frankfurt getötet. 1968 explodierte eine Bombe im Jugoslawischen Klub in Paris, eine in einem Belgrader Kino sowie eine weitere im dortigen Hauptbahnhof. 1971 starb der Jugoslawische Botschafter in Schweden bei einem Attentat, den Täter preßte man zwei Jahre später per Flugzeugentführung frei. 1972 explodierte ein jugoslawisches Verkehrsflugzeug über der Tschechoslowakei, in dem der Ministerpräsident Dzemal Bijedic hätte sitzen sollen. Im selben Jahr drang eine kroatische Dissidentengruppe über die österreichische Grenze bis Bugojno in Bosnien vor. Nach wochenlangen Kämpfen schlug man den Aufstand nieder. Auf Tito wurde während seines Besuchs in Zagreb 1975 ebenfalls ein Bombenattentat verübt. Hinter allen Anschlägen der kroatischen Nationalisten stand der Anspruch auf ein eigenständiges, unabhängiges Kroatien. Ebenso forderte man die gesamte Republik Bosnien-Herzegowina ein. Tito unterdrückte den »Kroatischen Frühling«, der Haß schwelte jedoch weiter.

Auch der serbische Präsident Slobodan Milosevic hatte Mühe, nationalen Unruhen Herr zu werden. Gewaltsam unterdrückte er Aufstände im Kosovo und Unabhängigkeitsbestrebungen in allen anderen Republiken. 1990 aber wähnten sich die Kroaten dem Ziel wieder greifbar nahe. Jugoslawien zerfiel, und der alte extreme Nationalismus lebte von neuem auf. In Zagreb stellte man das Denkmal des kroatischen Nationalhelden Josip Jelacic wieder auf, das einst Titos Kommunisten entfernt hatten. Hunderttausende feierten in Nationaltracht auf den Straßen. Franjo Tudjman rief der Masse zu: »Auf dem Boden Kroatiens darf und wird es niemals wieder eine antikroatische Macht geben. Erst recht wird es hier nie wieder ein Groß-Serbien oder ein unitaristisches Jugoslawien geben.« Sollten Freiheit und Souveränität in Gefahr geraten, werde er »das ganze kroatische Volk in der Heimat und im Ausland zum Kampf aufrufen«. *Die Welt* meinte, eine »scharfe Prise Bürgerkrieg liegt in der jugoslawischen Luft«[2]. Die Lichter im Balkan-Wirtshaus drohten auszugehen. Das ahnte auch Karadzic. »Erschrocken« sei er, sagte er später, erschrocken über die sich anbahnende Allianz zwischen Muslimen und Kroaten, »die schon im Zweiten Weltkrieg gemeinsam Serben abschlachtete.«[3] Und so forderte Karadzic Ende 1990 das »legitime Recht« aller Serben ein, in einem gemeinsamen Staat zu leben.

Wenig später sendete das jugoslawische Fernsehen heimlich angefertigte Mitschnitte eines Gesprächs zwischen zwei kroatischen Politikern, dem Innenminister Martin Spegelj und dem Verteidigungsminister Josip Boljkovac. Das Problem der serbischen Minderheit in Knin wollten sie »auf die Weise lösen, daß wir schlachten werden.« Man werde »alle Mittel einsetzen, auch Waffen. Solange wir da sind, werden die Serben in Kroatien nie mehr das sein. (…) Knin muß als Knin verschwinden. (…) Wir werden den Staat um jeden Preis, auch den von Blut, schaffen.«[4]

Diese enthüllenden Aufzeichnungen zeigte man mehrfach, sie hatten eine verheerende Wirkung: Die 600.000 Serben in Kroatien bereiteten sich nun auf das Schlimmste vor, ebenso die Männer um Karadzic für den Fall der Annexion Bosniens. In der Region um Knin strebten die überwiegend serbischen Einwohner laut einer Volksbefragung im August 1990 die Autonomie an und riefen diese zum Jahresende aus. Bürgerwehren wurden gebildet, die Polizeistationen stürmten und Waffen raubten.

Ein serbischer Milizsoldat bedauerte, nichts unternehmen zu können: »Natürlich haben wir einige erkannt, aber unsere Familien leben hier.« Sein Dienstherr in Zagreb hatte ihm sogar das Gehalt von 450 auf 1.000 D-Mark erhöht, damit er sich aus den Konflikten heraushielt. Wahrscheinlich verachtete Karadzic solche Serben, die weiter für Zagreb arbeiteten, als »Söldner der Ustascha«.

Man errichtete Straßensperren, schwerbewaffnete Posten bewachten die Zugänge zu Dörfern und Städten in der Region Knin. Es hieß, Zagreb wolle Spezialeinheiten kroatischer Sicherheitspolizisten schicken. Als zwei Polizeihubschrauber nach Knin aufbrechen wollten, wurden sie von der jugoslawischen Luftwaffe zur Umkehr gezwungen.[5] Ein Abgeordneter des »Serbischen Nationalen Komitees in Knin« drohte mit »Methoden der IRA und der baskischen Separatisten«, falls die Jugoslawische Volksarmee nicht einschreite und die kroatische Regierung stürze.[6]

Im März 1991 griff die JNA erstmals nach Unruhen in Pakrac ein, einer Zehntausend-Seelen-Stadt mit 60 Prozent serbischer Einwohnerschaft. Diese hatte sich offenbar der »Autonomen Serbischen Republik« in der Krajina anschließen wollen. 200 kroatische Polizisten stürmten sowohl das Rathaus als auch die Polizeibehörde und entwaffneten serbische Polizisten. Die Armee verlangte nun die Entwaffnung beider Seiten.[7] Im April kam es bei Kämpfen im Nationalpark von Plitvice zu ersten Todesopfern. Im Mai stimmten 94 Prozent der Wähler für ein »unabhängiges Kroatien, das der serbischen Minderheit kulturelle Autonomie und alle Bürgerrechte gewährt und das frei ist, einen Bund mit anderen souveränen Republiken einzugehen«. Die meisten Serben nahmen trotz dieser Zusicherungen nicht an der Wahl teil.

Ebenfalls im Mai berichtete man von ersten Kämpfen in Gemeinden, die von Serben und Kroaten bewohnt waren, etwa im nordkroatischen Borovo Selo.[8] Belgrad vertrat die Meinung, die JNA müsse sich einschalten, um Serben und Kroaten voneinander zu trennen, doch wurde der Vorwurf laut, die Armee unterstütze die Serben mit Waffen und Ausbildern.[9] Ohne Eingreifen der JNA, meinte dagegen der jugoslawische Verteidigungsminister Veljko Kadijevic, stünde das Land »bis zu den Knien im Blut«.[10]

Nach den Unabhängigkeitserklärungen von Slowenien und Kroatien eskalierte die Situation rasch. Zwar erklärte Slobodan Milosevic, er werde die beiden abtrünnigen Republiken ziehen lassen, gleichzeitig rief er aber die Serben in Kroatien zur Verteidigung ihres Landes auf. In Slawonien und der Banja (Glina und Kostajnica) ließen sich die Tschetniks nicht lange bitten. Sie vertrieben kroatische Kräfte, »Ustascha-Behörden«, wie es in der Belgrader Presse hieß, und errichteten ihre Stützpunkte. Schwere Waffen sollen sie von der Armee erhalten haben.[11]

Umgekehrt gingen im ostslawonischen Osijek in den Wochen nach dem 25. Juni (dem Tag der Unabhängigkeitserklärung) 50 serbische Geschäfte in Flammen auf, wurden gesprengt oder geplündert. Molotowcocktails flogen in serbische Schlafzimmer, Autos wurden in Brand gesteckt. Kroaten erstellten Listen mit Wohnungs- und Geschäftsadressen der 30.000 Serben. Diese jedoch wollten von Bürgerkrieg oder Flucht nichts wissen, sondern angeblich sogar mehrheitlich in einem unabhängigen, demokratischen Kroatien in Osijek bleiben. Die Übergriffe spielte man als Taten von kroatischen Extremisten herunter.[12]

Angeheizt von Gerüchten und Drohungen, eskalierte die Situation. Zehntausende von Kroaten und Serben befanden sich im Herbst 1991 auf der Flucht. Ihre Häuser waren häufig zerstört und das Vieh gestohlen worden. Die *Neue Zürcher Zeitung* glaubte dennoch beobachten zu können, daß im Kernland von Kroatien »nicht einmal jene, die vor dem ›Terror der Ustascha geschützt werden sollten«, bereit dazu seien, für ihre Heimat zu kämpfen. Gerade die jungen Serben aus den autonomen Gebieten hätten sich nach Belgrad abgesetzt, um Anarchie, Chaos und Willkür zu entkommen, die die Tschetniks verbreiteten[13] – und um nicht in (para-)militärische Verbände eingezogen zu werden.

Anders in der Krajina und in Bosnien. Ostern 1991 war die Geschichte auch dort wieder Gegenwart: Serbische Freischärler und kroatische Verbände, die die Serben als »Ustascha« bezeichneten, prallten direkt aufeinander. Die JNA griff ein und verlangte von den Parteien, ihre Waffen abzuliefern. Sowohl der kroatische Präsident Franjo Tudjman als auch die Tschetniks lehnten dies ab. Niemand wollte ohne Waffen sein. Um den ständig wachsenden Konflikt beizulegen, forderte sogar der serbische Präsident Slobodan Milosevic Uno-Truppen an – wohlweislich in Westslawonien, wo überwiegend Serben wohnten. Karadzic vertrat dagegen offensiv das Ziel eines Serbenstaates mit Serbien, Montenegro und den autonomen Gebieten, der insgesamt fast zwei Drittel Bosniens und ein Drittel Kroatiens einschließen sollte. Nur dann, waren sich die nationalistischen Führer einig, seien die Serben sicher vor den Nachstellungen der Ustascha.

Mehr als 50 Jahre zuvor hatte die Ustascha mit Hitlers Unterstützung in ihrem »Unabhängigen Staat Kroatien« Hunderttausende von Serben vernichtet. Ihr Leitspruch: »Bekehre ein Drittel, vertreibe ein Drittel, töte ein Drittel.« In einzelnen Fällen waren die Schergen in schwarzen Uniformen dabei so brutal vorgegangen, daß selbst Offiziere der deutschen Wehrmacht und einzelne SS-Führer protestierten. Serbische Tschetniks wendeten bei ihren Widerstandsaktionen nicht weniger furchtbare Mittel an. Daß ähnlich grausame Zustände wiederkehren könnten, hielt offenbar niemand außerhalb Ex-Jugoslawiens für möglich.

Wie auch: Schließlich waren ja Gespräche zwischen Kroaten und Serben über eine Aufteilung Bosnien-Herzegowinas bekannt geworden. Im Juli 1992 noch hatte Karadzic die Gründung eines kroatischen Staates auf bosnischem Territorium als »Bestätigung des jetzigen Zustandes« gutgeheißen. Die kroatische Bevölkerung in der Herzegowina beanspruche nur ihr Selbstbestimmungsrecht. »Da es keine strittigen territorialen Fragen gibt, über die Krieg geführt wird, kön-

Schacherer um Bosnien: Franjo Tudjman.

nen wir geradewegs öffentlich gratulieren.«[14] Natürlich verlangte Karadzic diese Art von Selbstbestimmungsrecht auch
für die Gebiete, die er Serbien zurechnete.

Die Kroaten nennen ihre Herzegowina »altes Ustascha-
Land«, sie sei »befreites Gebiet«. Serben waren hier schon im

81

Sommer 1992 nicht mehr zu finden, auch keiner von den ehemals 10.000 Einwohner von Gabela. Die Serben haben, wie *Der Spiegel* schrieb, »die Stadt verlassen«. Die orthodoxe Kirche wurde zerstört, die serbischen Häuser stehen ausgebrannt. Die Soldaten in der Region zeigen den »deutschen Gruß«, und auf ihren schwarzen Uniformen prangt ein Aufnäher mit dem Faschistengruß »Bereit fürs Vaterland«. Sie sind Mitglieder der durch Auslandsgelder unterstützten faschistischen HOS, der Kampftruppe der Kroatischen Partei des Rechts. Die Uniformen und Embleme zeigen ihre ideologische Nähe zur Ustascha. Ihre Mitgliedsausweise ziert eine Landkarte Großkroatiens, der ganz Bosnien- Herzegowina eingegliedert ist, darüber hinaus die zu Serbien gehörende Vojvodina und der Sandschak.[15]

Umgekehrt konnten im Herbst 1992 Karadzic' Truppen beinahe kampflos die Stadt Bosanski Brod an der Save einnehmen. Die Kroaten, die die Stadt bis dahin kontrolliert hatten, zogen sich über den Fluß zurück. Die muslimischen Einwohner flüchteten nach Kroatien. Belgrader Zeitungen mutmaßten, Kroaten und Serben hätten geheime Vereinbarungen getroffen. Im Austausch für Bosanski Brod habe die jugoslawische Armee Prevlaka, die Halbinsel vor Dubrovnik, geräumt. Auch Kriegsgefangene sollten ausgetauscht werden.[16]

Die Verständigung zwischen Kroaten und Serben um die Aufteilung Bosniens hatte sogar Vorbilder in der Geschichte. Unmittelbar vor Beginn des Zweiten Weltkrieges 1939 hatte es eine ähnliche Absprache zwischen Dragisa Cvetkovic und dem kroatischen Oppositionsführer Vladimir Macek gegeben. Der Kroate sollte den größten Teil der Herzegowina einschließlich Mostar und Travnik erhalten, die Serben den Rest. Karadzic hatte bereits angekündigt: »Sollten die Moslems weiterkämpfen, werden Serben und Kroaten Bosnien aufteilen, und für die Moslems bleibt nichts übrig.«[17] So entstand – zurecht – der Eindruck, die einzigen Leidtragenden des Bürgerkrieges seien die Muslime.

Anfang 1993 bliesen die Kroaten dann allerdings zur Rückeroberung der von serbischen Tschetniks besetzten Gebiete in der Krajina. Deren »Autonome Provinz« hatte auch Karadzic anerkannt. Dabei ging es den Kroaten um die Verbindung des Gebietes von Zadar mit dem kroatischen Stammland. Außerdem sollte die Kontrolle über den Flughafen der Stadt gewonnen werden. Dazu mußte man eine Brükke einnehmen, die von Serben gesprengt worden war, die Maslenica-Brücke. Hunderte von Toten waren die Folge. Im dalmatinischen Hinterland um Split beschossen die Kroaten den Peruca-Staudamm, an dem sich Serben verschanzt hatten, und riskierten damit eine Überschwemmungskatastrophe. Der Weltsicherheitsrat verurteilte diesen Vormarsch zwar, unternahm aber nichts. Das bestätigte Karadzic wohl in seiner Einschätzung, die internationale Gemeinschaft handle nur einseitig.

Bald darauf ließen die Kämpfe zwischen Kroaten und Serben nach, und die Kroaten richteten ihre Kräfte wieder gegen die Muslime, etwa in Mostar.

Doch schon Ende 1994 gingen die Kroaten wieder verschärft gegen Karadzic und seinen General Mladic vor. Gemeinsam mit den bosnischen Regierungstruppen erkämpften kroatische Soldaten die Stadt Kupres. Der kroatische Verteidigungsminister Gojko Susak drohte für den Fall, daß die Moslem-Enklave Bihac erobert würde, die Intervention Kroatiens an.[18] Im Dezember schossen Serben und Kroaten entlang der Grenze erstmals seit der Waffenruhe im März wieder aufeinander. Ein Waffenstillstand wurde nur abgeschlossen, um rund 220mal pro Tag an der kroatisch-bosnischen Grenze wieder gebrochen zu werden. Dem erneuten Kriegseintritt der Kroaten setzten Karadzic und der Krajina-Serbe Milan Martic einen Beistandspakt entgegen.[19]

Mehr als 2.000 Angehörige einer kroatischen Spezialeinheit überschritten am 1. Mai 1995 die von der Uno überwachte Demarkationslinie zwischen Kroatien und Westslawonien.

Von zwei Seiten her rückten sie gegen Okucani vor, das als administratives Zentrum der Serben in Westslawonien bis dahin von Krajina-Serben gehalten worden war. Außerdem eroberten die Kroaten den Ostteil von Pakrac, einer Stadt, die seit 1991 zwischen Kroaten und Serben aufgeteilt war. Eingenommen werden konnte auch Jasenovac, wo die kroatischen Faschisten während des Zweiten Weltkrieges in einem Konzentrationslager Zehntausende von Serben getötet hatten. 5.500 Serben flüchteten nach Osten. In Pakrac und Okucani soll es zu Plünderungen gekommen sein, serbische Männer ließ man gefangennehmen, Frauen und Kinder getrennt von ihnen abtransportieren. Die Serben beschossen daraufhin die Städte Sisak, Karlovac und die Region um Dubrovnik. In Sisak gab es vier Tote; ebensoviele Menschen starben, als sie am nächsten Tag das Zentrum von Zagreb unter Beschuß nahmen. Am selben Tag erklärte Kroatiens Präsident Franjo Tudjman die Offensive in Westslawonien für beendet – alle militärischen Ziele waren offenbar erreicht.[20] Karadzic war den Krajina-Serben trotz des mündlich gegebenen Beistandsversprechens nicht zu Hilfe gekommen. Er hatte im Mai offenbar genügend Probleme in seiner eigenen Zone.

6. Sirenengesang für die »Türken«: »Ihr seid doch alle Serben«

Srebrenica, 11. Juli 1995: Von Süden her nähern sich serbische Verbände der Stadt. Sie durchbrechen die Panzersperren der Uno. Granatwerfer und Maschinengewehre sind auch auf Stützpunkte der Blauhelme gerichtet. Als sich die Nato schließlich zu Luftangriffen durchringt und einen Panzer zerstört, ist es zu spät.

30 niederländische Blauhelme geraten in Gefangenschaft, und die Serben drohen, sie zu töten, falls weitere Luftangriffe geflogen würden. Die Vereinten Nationen müssen ihre Niederlage eingestehen. 30.000 Muslime flüchten, die meisten davon ins Uno-Quartier, das in einer ehemaligen Autobatteriefabrik eingerichtet ist. Bei ihrem Einmarsch in Srebrenica finden die Serben eine Geisterstadt vor. Unter ihrer Kontrolle werden Tausende von Flüchtlingen aus dem UN-Lager nach Tuzla evakuiert.

Karadzic hatte triumphiert. Der Westen forderte zwar verhalten die Räumung der Schutzzone, doch dies wies Karadciz kategorisch zurück – wahrscheinlich lachte er sogar darüber. Erneute Berichte über verschleppte Frauen und verschwundene Männer riefen Empörung hervor. Karadzic aber ließ seine Truppen bereits gegen die benachbarte Moslem-Enklave Zepa marschieren[1], der Endlösung der Muslimfrage in Ostbosnien entgegen.

Der Haß der Serben gegen die benachbarten Muslime ist 600 Jahre alt, eine Blutspur durchzieht die Geschichte. Etwas mehr als 100 Kilometer flußaufwärts, in Foca, hatte sie vor mehr als 50 Jahren ihren wüsten Höhepunkt erreicht. Die kroatischen Faschisten ermordeten damals die Serben des

Ortes und stürzten sie von der Drina-Brücke. Die muslimische »13. Waffengebirgs-Division der SS Handschar – kroatische Nr. 1«, deren Mitglieder den Nazi-Adler auf dem Fes und einen Krummsäbel trugen, soll die Ustascha dabei unterstützt haben. Als sich die Fronten verschoben, rückten serbische Tschetniks in Foca ein. In fanatischem Haß rächten sie ihre Toten, massakrierten die ehemaligen Peiniger und warfen zusammengekettete Muslime in den Gebirgsfluß, wo viele ertranken. Zwei Generationen später standen sich die Führer der bosnischen Serben und Muslime, Radovan Karadzic und Alija Izetbegovic, hier zunächst friedlich gegenüber. Nie wieder, schworen sich die beiden im Sommer 1990, dürfe sich so etwas wiederholen.

Auf dem Gründungskongreß von Karadzic' Serbischer Demokratischer Partei (SDS) wurde der Muslimführer Alija Izetbegovic als Gast mit Beifall empfangen. Auch vor den ersten Wahlen in Bosnien-Herzegowina zeigten Fotos die beiden Arm in Arm mit dem Führer der Kroatischen Demokratischen Gemeinschaft (HDZ), Stjepan Kljujic. Was verkündeten die drei Politiker den Wählern? »Die Kommunisten haben Euch gegeneinander aufgebracht, wir werden Euch neu versöhnen.«[2] Wölfe im Schafspelz.

Weniger als zwei Jahre später zerfleischten sich die Wölfe gegenseitig; Radovan Karadzic und seine Vasallen machten Politiker, Menschenrechtler und Hilfsorganisationen als das aggressivste Rudel aus. Die Muslime erkannten, welches Schicksal ihnen drohte, falls sie Teil eines vergrößerten serbischen (oder kroatischen) Staates würden. Ihr Führer in Foca, Hadzo Efendic, ahnte schon Anfang 1992: »Wer Serbiens Geschichte kennt, weiß, was uns bevorsteht.«[3]

Nicht nur in Foca kam der alte Haß wieder auf. In Visegrad wurde im Juni 1992 eine andere Brücke über der Drina Schauplatz erneuter Morde. Erneut stürzte man Leichen in den Fluß. Die »Gesellschaft für bedrohte Völker« zitierte eine Augenzeugin: »Mit eigenen Augen sah ich, daß in der Nacht

Verhandlungsbereitschaft mit erhobenem Zeigefinger: Alija Izetbegovic.

nach dem sogenannten Kurban Bajram (islamischer Feier-
tag, an dem Schafe geopfert werden) auf der neuen Brücke
147 Männer umgebracht wurden. Die Tschetniks stießen sie
vom Brückengeländer und schossen auf sie während des Fal-
les. Das Treiben wiederholte sich Nacht für Nacht bis zum 27.
Juni 1992. (...) Auf dieser Brücke ermordeten sie auch Müt-
ter, und die Kinder banden sie an die Körper ihrer toten Müt-
ter und warfen sie in den Fluß.«[4] 6.000 muslimische Bewohner der Stadt und aus der Umgebung sollen dort im Juni
1992 getötet worden sein. Wie schon in anderen Städten wurde die überlebende muslimische Bevölkerung vertrieben
oder flüchtete in die UN-Schutzzonen Zepa, Srebrenica und
Gorazde.

Selbst muslimische Politiker waren vor Anschlägen nicht sicher: Auf der Fahrt vom Flughafen Sarajevo in die Stadt wurde am 8. Januar 1993 der Wagen des stellvertretenden bosnischen Ministerpräsidenten Hakija Turajlic von serbischen Soldaten angehalten, obwohl er sich in Begleitung von französischen Blauhelmen befand. Es kam zu einer Diskussion. Plötzlich richtete einer der Soldaten seine Waffe gegen Turajlic und erschoß ihn durch die offene Tür des gepanzerten Wagens.

Die Unterdrückung der Muslime in Bosnien hat eine jahrhundertelange Tradition. Im Mittelalter trafen sich dort die Anhänger von allerlei Geheimkirchen und Sekten, die im 12. Jahrhundert aus Serbien und Bulgarien geflohen waren, so etwa die Bogumilen oder Patarener. Mit dem Vordringen der osmanischen Truppen trat ein großer Teil der Bevölkerung zum Islam über. Sie handelten sich damit den Vorwurf von Serben und Kroaten ein, den Glauben ihrer Ahnen verraten zu haben. Man beschimpfte sie als »Türken« – noch heute mißbraucht Karadzic diese Bezeichnung propagandistisch. Bosnische Muslime galten als äußerst traditionalistisch und abgeneigt gegenüber allen Reformen sowie einer westlicheren Ausrichtung. Dieser Widerstand führte im 19. Jahrhundert zu Aufständen vor allem in Sarajevo, dessen Einwohner besonders religiös und traditionalistisch eingestellt waren. Der Begriff des Bosniertums entwickelte sich als Gegenbewegung zu den reformistisch islamischen Tendenzen.

Nach dem Rückzug der Osmanen entwickelten sich die bosnischen Muslime zu loyalen Staatsbürgern des Habsburgerreiches – viele dienten sogar im Militär –, was sie in den Augen der Serben nur umso verdächtiger machte. 1918 stimmten sie dennoch für das Königreich der Serben, Kroaten und Slowenen; dabei neigten sie mehr den Kroaten zu. Von 1935 bis 1939 kam es kurzzeitig zu einer serbisch-muslimischen Koalition unter Milan Stojadinovic. Am 10. April 1941 vereinnahmte der mit italienisch-deutscher Hilfe entstandene »Unabhängige Staat Kroatien« ganz Bosnien-Herzegowina. In einem Memorandum an Adolf Hitler forderten die Muslime am 1. November 1942, einen »Gau Bosnien« einzurichten. Muslime beteiligten sich auch an den Verbrechen der Ustascha, insbesondere an denen der 1943 gegründeten 13. SS-Division Handschar. Dies führte nach Titos Sieg zu zahlreichen Schnellverfahren vor allem gegen reaktionäre Muslime. Trotz großen Widerstands setzte Tito eine eigenständige Republik Bosnien-Herzegowina durch. Von 1971 an wurde den Muslimen in der Verfassung sogar der Status einer Nation zuerkannt. Weil allerdings nur wenige von ihnen auf Seiten Titos gekämpft hatten, waren sie in jugoslawischen Staats- und Parteifunktionen unterrepräsentiert.[5]

Die »Türken« und Karadzic' Angst vor dem Genozid

Titos Integrationsversuch wird heute von Karadzic abgelehnt. Moslems, so der Serbenführer, seien kein Volk, sondern eine Glaubensgemeinschaft. »Tito hat die Nation der Moslems erfunden. Sie sind aus Serben hervorgegangen.«[6] Den Versuch, sie einfach als Serben zu definieren und dem von ihnen bewohnten Gebiet Großserbien zuzuschlagen, unternahm Karadzic 1993 mehrfach. Als die Welt längst von den Kriegsverbrechen gegen die Muslime im Jugoslawienkonflikt unterrichtet war, sagte er: »Die Muslime sind eigentlich ethnische Serben, die während der Türkenherrschaft zum Islam konvertierten.« Sein Rat: Laßt euch taufen, werdet wieder Serben.

Karadzic' Bild von den Moslems scheint sich zunehmend verschlechtert zu haben. Das kann nicht allein daran gelegen haben, daß auch die Muslime völkerrechtswidrige Aktionen gegen serbische Truppen unternahmen – etwa die Beschießung mit Chemiewaffen in der Nähe von Tuzla, wie sie ein interner Uno-Bericht meldete.[7] Sein Haß auf die »Türken« muß tiefer liegende Wurzeln haben. »So lange es Bosniaken gibt, werden sie die Serben daran erinnern, daß sie einmal Leibeigene der Türken waren«, meint der montenegrinische Schriftsteller Marko Vesovic. »Und das hält ihr Stolz nicht aus.« Aus diesem Grund massakriere Karadzic die Bosniaken, zerstöre ihre Moscheen und Friedhöfe. »Er will die Spuren der türkischen Herrschaft auslöschen, Bosnien seine vortürkische ›Reinheit‹ zurückgeben.«[8]

Das ist sicher eine zu einfache Erklärung. Immerhin: Um Stimmung für sein Ziel zu machen, die Vereinigung aller Serben in einem Staat, beschwor Karadzic immer wieder die Gefahr eines »Dschihad«. Die Moslems, so klagte er, würden einen »Heiligen Krieg« gegen die Serben und damit das Christentum anzetteln. Obwohl längst er selbst es war, der des Völkermordes bezichtigt wurde, propagierte er offiziell: »Die Muslime haben es auf uns abgesehen, wir verteidigen uns nur vor dem drohenden Genozid.«

»Wir haben 1,5 Millionen Serben. Hätten wir ein einheitliches Bosnien akzeptiert, wären alle 1,5 Millionen Serben eine nationale Minderheit unter moslemischer Herrschaft geworden«, machte Karadzic die bosnischen Serben glauben. »Sie haben unser Recht auf Selbstbestimmung nicht akzeptiert.« Die Muslime seien nichts anderes als konvertierte Serben, niemals habe ein Staat Bosnien-Herzegowina existiert: »Es war Titos Erfindung.« Tito habe eine künstliche Republik kreiert, die sich jetzt als Staat etablieren wolle, klagte der bosnische Serbenführer. Titos Versuch, einen »fundamentalistischen Staat mitten in Europa« zu schaffen, werde heute erneut »gegen den Willen von zwei Völkern« unternommen: »Weder Serben noch Kroaten akzeptieren Bosnien als einen Staat.«

Da könnte er recht haben. Insbesondere die kroatische Seite verschleppte von Anfang an die Realisierung der muslimisch-kroatischen Föderation, die ohnehin nur auf Druck der Vereinten Nationen zustandegekommen war. Außer in Tuzla, wo es 1993 starke Autonomie-Bestrebungen gegeben hatte, kam es innerhalb eines Jahres nach Verabschiedung einer Verfassung in keinem der Kantone zu Wahlvorbereitungen. Auch Kroatiens Präsident Franjo Tudjman scheint sich immer noch als Bollwerk innerhalb des »Kulturkampfes zwischen dem Islam und der westlichen Welt« zu sehen und seine Aufgabe in der Verhinderung eines »islamischen Staates im Herzen Europas«.[9]

Die kroatischen Bosnier, so befürchten auch internationale Beobachter, mißbrauchen die Föderation eventuell nur als Übergangslösung, bis sie die kroatischen Teile ganz an das Mutterland anschließen können. Die Auflösung der selbsternannten Kroatischen Republik Bosnien-Herzegowina lehnen die Kroaten bisher ab: Daran könne man erst denken, wenn alle Institutionen der Föderation geschaffen seien.[10] Sogar der EU-Verwalter für Mostar, Hans Koschnick, beklagte sich Anfang 1995 über die Behinderung seiner Arbeit durch kroatische Bosnier. Bis 1994 noch hatten sich in Mostar Moslems und Kroaten massiv bekämpft.

Das Schreckgespenst eines »islamischen Gottesstaates«, das Karadzic (und mit ihm unzählige Balkanpolitiker) fortwährend an die Wand malte und dessentwegen er mehr als 1.000 Moscheen zerstören ließ, war allerdings eine Propagandalüge. Fundamentalistische Strömungen waren in Bosnien selten, die Blicke der Bosniaken richteten sich heute eher auf Europa denn auf den Orient. Alle zentralen muslimischen Politiker bekundeten, das Land in einen demokratischen Staat nach europäischem Muster umgestalten zu wollen.[11] Unter den gegebenen Umständen hielten es die Muslime allerdings für angebracht, sich deutliche Mehrheiten in den Regierungs- und Verwaltungsstellen ihres bosnisch-herzegowinischen Staates zu erhalten, der so de facto gar nicht existierte. Im Kabinett des neuen Regierungschefs Haris Silajdzic sitzen seit dem 2. November 1993 neben 17 Muslimen je zwei Kroaten und Serben. Dem zehnköpfigen Staatspräsidium gehören ebenfalls je zwei Vertreter der Minderheiten an. Zu ihnen gehört seit November 1993 wieder Stjepan Kljujic, der als ehemaliger Parteichef der bosnischen Kroaten schon einmal im Staatspräsidium gesessen hatte und mit den Nationalisten um Mate Boban in Konflikt geraten war.

Die Propaganda und der Sturm auf Gorazde

Mit Akribie verfolgte Karadzic sein Ziel, einen möglichst umfassenden muslimfreien serbischen Raum zu gewinnen. Vertreibungen, Morde und Vergewaltigungen werden seinen Truppen und damit ihm zur Last gelegt (siehe Kap. 4). Den Sturm auf Gorazde, dessen 12.000 Serben längst die Stadt verlassen hatten, begleitete er mit einzigartiger Propaganda. Mit seinem Vormarsch auf die Uno-Schutzzone unterstütze er diejenigen Kräfte in Gorazde, »die dem Krieg ein Ende setzen wollen«. Er versuche, jenen Einwohnern der Stadt zu helfen, die »friedlich mit uns Serben zusammenleben wollen«. Nicht die Bewohner seien es, die Widerstand leisteten, sondern muslimische Fundamentalisten, die, angereist aus Sarajevo, die Bevölkerung zum Dschihad, dem Heiligen Krieg gegen die Serben aufstachelten.[12] »Propagandalügen«, urteilte *Der Spiegel* zurecht.

Zwei Wochen später berichtete das Blatt jedoch von Izetbegovic' Vorbereitungen für eine Offensive: Vor Freiwilligen der bosnischen Regierungstruppen im zentralbosnischen Olovo predige er den Dschihad: »Besiegt das Böse. Der Feind fordert alles oder nichts, aber auch wir fordern nun alles oder nichts.« Die Welt verstehe nur die Sprache der Gewalt, soll er gerufen haben, woraufhin die Soldaten ihrem Oberbefehlshaber angeblich gelobten: »Auf nach Gorazde«. Und *Der Spiegel* stellte dramatisch fest: »Sie schienen zum Opfergang entschlossen.«[13]

Das Böse, das es zu besiegen galt, waren Karadzic und seine serbischen Krieger. Karadzic hatte Gorazde zur »Festung moslemischer Fundamentalisten« erklärt, das einzige Krankenhaus der Moslem-Enklave zur »getarnten Kommandozentrale« und die Zivilisten zu »Sympathisanten der Dschihad-Krieger«. Tag für Tag zogen die Serben den Belagerungsring enger. Lebensmittel und Trinkwasser wurden immer knapper, Ärzte konnten nur ohne Narkose und ohne sterilisierte Geräte operieren. Der Bürgermeister sprach von »Tausenden von Toten«.[14]

Nach serbischer Darstellung ging es bei den weiteren Kämpfen im Sommer um eine schmale Nachschubroute, über die angeblich die eingeschlossenen Muslime mit Waffen, Munition und muslimischen Freiwilligen versorgt wurden. Diese »Grüne Route« nannten die Serben vor Gorazde auch »Allahs Autobahn«.[15]

Karadzic und der »totale Krieg«

Zur Jahreswende 1994/95 schien sich die Situation zu Karadzic' Ungunsten zu verschieben. Der Uno-Kommandierende Michael Rose sah die Muslime strategisch im Vorteil: Ihren 120.000 Soldaten stünden rund 80.000 serbische gegenüber, von denen viele lieber heute als morgen nach Hause gehen würden, statt weiter ihr Leben für Karadzic' Träume vom großserbischen Reich zu riskieren. Auch bei den schweren Waffen holten die Muslime auf. Karadzic dagegen putschte seine Truppen immer wieder zum »totalen Krieg« auf. Ohne Hilfe der Amerikaner und muslimischer Fundamentalisten, so tönte der Serbenführer, hätten die »Türken« längst aufgegeben. »Sie sind feige und hinterlistig, mit offenem Visier kämpfen sie nicht«, schäumte er nach den letzten Niederlagen. Und er schwor: »Rache dem Islam.« *Der Spiegel* spottete, Karadzic behandle »seine Kampfgenossen wie ein Patienten-

Die Grenzen im Sommer 1995

Serben
Moslems
Kroaten
serbisch kontrollierte Krajina
Schutzzonen

kollektiv«.[16] Eine Entscheidungsschlacht um Sarajevo schien sich im Juni 1995 anzubahnen. Rund 30.000 Mann zogen die bosnischen Regierungstruppen nordwestlich von Sarajevo zusammen. Ganz offensichtlich, so die Uno, plane die bosnische Armee einen Vorstoß auf die seit mehr als 1.000 Tagen belagerte Stadt.[17] Mitte Juni setzten Regierungssoldaten 650 Blauhelme in ihren Stützpunkten fest. Die Eingänge ließ man vorübergehend verminen. Vermutlich sollte auf diese Weise verhindert werden, daß die Uno Kenntnis von einer geplanten Offensive gegen Sarajevo erhalten und veröffentlichen könnte.[18]

Karadzic dagegen war gedanklich eventuell schon beim nächsten Schritt. Möglicherweise beabsichtigte er, auf den muslimischen Teil Sarajevos im Tausch gegen die drei ostbosnischen Enklaven Srebrenica, Zepa und Gorazde zu verzichten. Den ersten Schritt dazu tat er im Juli 1995. Nach der Eroberung von Srebrenica nannte er die ostbosnischen Moslem-Enklaven »nicht mehr lebensfähig«. Sie müßten verschwinden. Den Friedensplan der Kontaktgruppe beurteilte er als »so gut wie tot«. Bestenfalls sei er noch eine Grundlage für Verhandlungen. Bosnien-Herzegowina sei immer und gänzlich serbisch gewesen, das müsse die Welt begreifen. »Wir werden niemals akzeptieren, daß wir eine Provinz innerhalb eines bosnischen Staates sind.« Auch den bosnischen Staat selbst werde er nicht anerkennen. Die Hauptstadt Sarajevo müsse entweder geteilt oder ebenfalls serbisch werden.[19]

7. Zwei Serben im Bruderkrieg: Karadzic greift nach der Krone

Durch den Hinterausgang stahl sich der serbische Präsident Slobodan Milosevic am 5. Mai 1993 davon. Eben hatte Radovan Karadzic' Parlament gegen den Vance-Owen-Plan gestimmt. Das stellte eine offene Demütigung für Milosevic dar, dem in dem »besoffenen Pokerspieler« (Milosevic über Karadzic) ein Rivale im eigenen serbischen Haus erwachsen war. Als Radovan Karadzic im Sommer 1994 auch den Aufteilungsplan der Kontaktgruppe (bestehend aus den Außenministern der fünf Staaten USA, Großbritannien, Frankreich, Rußland und Deutschland) abgelehnt hatte, waren die beiden obersten Serben geschiedene Leute. Slobodan Milosevic brach »jede weitere Beziehung und Zusammenarbeit mit einer solchen Führung« ab. Damit wurde er auch wieder in den Kreis der zivilisierten Völker aufgenommen. Zu verdanken hat er dies: Radovan Karadzic.

Milosevic entsprach den Forderungen der Kontaktgruppe. Schon im Vorfeld hatte der britische Außenminister Douglas Hurd gesagt, falls Karadzic den Plan zurückweise, müsse ihn Milosevic durchsetzen. Indirekt war dies die Aufforderung zum Sturz des bosnischen Serbenführers. Da bei einer Ablehnung des Planes zudem mit Wirtschaftssanktionen und einer Freigabe der Waffenlieferungen an die Muslime gedroht worden war, wird Milosevic die Entscheidung noch leichter gefallen sein.[1]

Was 1993 bei der Ablehnung des Vance-Owen-Planes wie eine »geschickt inszenierte Schauspielerei«[2] aussah, war 1994 zu einem ernsthaften Machtkampf zwischen Serben und Serben mutiert. Milosevic brach die Beziehungen zu Pale ab. Die

»heimtückische Entscheidung« Karadzic', den Plan der Kontaktgruppe abzulehnen, habe der serbischen Sache »unermeßlichen Schaden« zugefügt, erklärte Milosevic. »Hinter ihr verbergen sich die persönlichen und materiellen Interessen von Kriegsgewinnlern und Leuten, die Angst haben, daß ihre Verbrechen aufgedeckt werden könnten.«[3] Sogar die Telefonleitungen ließ Milosevic kappen. Karadzic' Berater Jovan Zametica meinte dazu: »Das haben nicht einmal unsere ärgsten Feinde vorgeschlagen.«[4]

Damit habe Milosevic seinem einstigen Günstling gezeigt, wer Herr im Hause ist, meinte *Der Spiegel*. Der sei nämlich längst nicht mehr nur Lokalfürst und getreulicher Vertreter Belgrader Interessen gewesen, sondern habe in der Gunst der Wähler und, was schwerer wiegt, möglicherweise auch innerhalb der Armee längst zu Milosevic aufgeschlossen.[5]

Milosevic wollte endlich Frieden in Bosnien-Herzegowina, nicht zuletzt, um eine Aufhebung der internationalen Sanktionen gegen sein Land zu erreichen. Öffentlich sprach er sich im August 1994 für die Annahme des Friedensplanes aus. In einem langen Brief an Karadzic meinte Milosevic, es sei sinnlos, elf Millionen Einwohner »Jugoslawiens« weiter auf die Aufhebung der Sanktionen warten zu lassen, nur weil sich die Serben in Bosnien nicht einigen könnten. Die ganze Welt könne erkennen: Die »Frage der Integrität oder Souveränität der serbischen Republik in Bosnien« sei geklärt. Letzteres und die bestehende Möglichkeit eines Anschlusses an Serbien interpretierte er aus der Äußerung des sowjetischen Außenministers Kosyrew in Belgrad, man könne den Serben nicht vorenthalten, was man Muslimen und Kroaten erlaube, nämlich eine Verbindung mit dem Nachbarland einzugehen. Unklar ist, ob Milosevic tatsächlich an die Möglichkeit glaubte, oder ob er damit nur Karadzic überreden wollte. Mit Unterzeichnung des Planes, so Milosevic weiter in seinem Appell, seien »notwendige Veränderungen der Landkarte« keineswegs ausgeschlossen worden. Schon vor der Unter-

Verlor die Kontrolle: Slobodan Milosevic.

zeichnung auf Umgestaltung des Landes zu drängen, sei
unsinnig.[6]

In der Tat: Alle Forderungen Karadzic' schienen weitgehend berücksichtigt, die Teilung Bosnien-Herzegowinas und
sogar die Bildung Großserbiens – wenn auch nicht ganz in

der von Karadzic gewünschten Größe – schien auch von den Vermittlern als unausweichlich akzeptiert. »Verstecken Sie sich nicht hinter einem Referendum«, schloß Milosevic. »Wenn Sie den Friedensplan nicht annehmen, dann machen Sie sich des größten Betrugs aller Zeiten an den Interessen der serbischen Nation schuldig.« Im übrigen, setzte der serbische Präsident eher hilflos hinzu, habe das serbische Volk »nur einen direkt gewählten und mit vollem Mandat ausgestatteten Präsidenten«, nämlich ihn, Milosevic. »Niemand hat das Recht, den Friedensplan im Namen des serbischen Volkes abzulehnen«, polterte er.[7]

Endgültiger Bruch?

Doch Radovan Karadzic nahm sich das Recht. Er trotzte sowohl den deutlichen Worten aus Belgrad als auch allen Vermittlungsversuchen, selbst denen aus Moskau. Damit vereitelte er die Bestrebungen Milosevic', der sich so gerne seine »Bundesrepublik Jugoslawien« international hätte anerkennen lassen. Diese hatte durch die Sanktionen auch wirtschaftlich erheblichen Schaden genommen, man schätzte ihn auf 73 Milliarden D-Mark Verlust.

Nach außen verteidigte Karadzic seine Kompromißlosigkeit mit militärischen Notwendigkeiten. Er verlangte für seine Vertragsunterschrift Nachbesserungen bei der territorialen Verteilung des Landes; eine Ausweitung der muslimischen Sicherheitszonen in Ost-Bosnien lehnte er ab, da angeblich aus ihnen heraus die Muslime ihre militärischen Operationen vorbereiteten – unter dem Schutz der Uno. Die weitgreifendste Forderung Karadzic' war aber die nach einer internationalen Anerkennung seiner »Republika Srpska«. Dem konnten die Vereinten Nationen und die internationale Kontaktgruppe nicht nachkommen, ohne ihre bisherige Zielsetzung, den Erhalt Bosnien-Herzegowinas als staatliche Ein-

heit, endgültig aufzugeben.[8] Um seinen Forderungen Nachdruck zu verleihen, ließ Karadzic den Ring um Sarajevo noch
enger ziehen und schwere Waffen an den Rand der Schutzzonen bringen.

Doch auch unter den Serben in Belgrad und Pale sorgte
Karadzic' Entscheidung für größte Verwirrung. Selbst konser-
vative westliche Zeitungen gingen mittlerweile nicht mehr
davon aus, daß der Konflikt inszeniert war: »Vieles deutet darauf hin, daß es sich hierbei nicht um ein abgekartetes Spiel
handelt, sondern daß Milosevic Karadzic wirklich loswerden
will«, meinte die *FAZ*. Auffallend viele Gruppen der Sozialistischen Partei Serbiens (SPS) von Milosevic würden derzeit in
Bosnien errichtet. Damit solle Karadzic' Position in dessen
Serbischer Demokratischer Partei (SDS) untergraben werden.[9] Der *Rheinische Merkur* titelte: »Zwei Serben im Bruderkrieg«.[10] Wenn je der Punkt gekommen sei, an dem Entschei-
dungen statt auf der militärischen wieder auf der politischen
Ebene fallen könnten, dann jetzt. Die *Neue Zürcher Zeitung*
meinte: »Der Bruch (...) scheint endgültig zu sein.«[11]

Karadzic schien noch höhere militärische Siege anzustre-
ben. Er griff nach der serbischen Krone. Indem er Milosevic
bezichtigte, serbische Interessen zu verraten, konnte er neu-
en politischen Einfluß auch auf die Serben außerhalb seiner
selbsternannten Republik gewinnen; dies betraf insbesondere radikal nationalistische Kreise in Belgrad und der Armee.
In der ebenfalls selbsternannten »Republik Serbische Krajina« wurde der Milosevic-treue Ministerpräsident Borislav
Mikelic im Mai 1995 per Mißtrauensvotum gestürzt, weil er
sich gegen eine angestrebte Vereinigung von Knin und Pale
ausgesprochen hatte. Sieger in der Auseinandersetzung war
der »Präsident« Milan Martic – der sich auf die Seite Karadzic' geschlagen hatte.[12]

Die *taz* meinte dennoch, Karadzic sei selbst mit Unterstützung der Serbischen Orthodoxen Kirche und der Radikalen
in Belgrad um Seselj nicht stark genug, um Milosevic zu ent-

machten. Im Gegenteil könne Milosevic mit seiner Botschaft von der unschuldigen, von Karadzic verführten bosnischen Serbenbevölkerung diese in sein Boot holen; vielleicht würden sie Karadzic, den Verräter serbischer Interessen, sogar davonjagen.[13]

Insbesondere im staatlichen Belgrader Fernsehen sah sich Karadzic seit Herbst 1994 vermehrt mit heftigen Vorwürfen konfrontiert. In einem Interview mit der Belgrader Zeitung *Politika* warf Staatspräsident Zoran Lilic drei führenden Politikern in Pale vor, Kriegsgewinnler und Lügner zu sein. Ausdrücklich nannte er dabei nur Karadzic. Daneben hatte er offenbar den Parlamentspräsidenten Momcilo Krajisnik und den Vizepräsidenten Nikola Koljevic im Auge. Er warf als erster Belgrader Politiker den bosnischen Serben vor, in den von ihnen kontrollierten Gebieten an Vertreibungen schuld zu sein und die Moslem-Enklave Gorazde angegriffen zu haben. »Wie viele Male haben sie versprochen, daß sie Sarajevo nicht bombardieren und den Todeskampf der Zivilisten in dieser Stadt nicht fortsetzen werden. Wie oft haben sie versprochen, daß sie die Banden und paramilitärischen Formationen verhaften werden, die Zivilisten terrorisieren und das Antlitz des serbischen Volkes besudeln. Wie oft haben sie geschworen, daß es nicht stimme, daß sie aus einzelnen Städten Bürger nicht-serbischer Nationalität vertreiben.« Außerdem warf Lilic Karadzic »Unregelmäßigkeiten« bei der Einführung der neuen Währung, des Neuen Dinar, vor. Lilic klagte Karadzic außerdem wegen eines Vorfalls an, der schon fast zwei Jahre zurücklag: Im Sandschak-Gebiet waren damals 17 Muslime aus einem Zug entführt und wahrscheinlich ermordet worden. Einer der Entführer, Milan Lukic, war später in Montenegro verhaftet und zur Aburteilung an die »Republika Srpska« ausgeliefert worden. Dort kam es dann aber nicht zu einem Verfahren, sondern zu einer Dekorierung des Täters. Lilic ließ bei dieser Geschichte bewußt die Armee und deren Kommandanten Ratko Mladic aus dem

Spiel, den Milosevic noch immer auf seine Seite zu ziehen hoffte.[14]

Begann der wirtschaftliche Druck durch das Embargo – das noch verschärft werden sollte – Wirkung zu zeigen? Er bildete wohl nur einen Grund für Milosevic' Einlenken. Gleichzeitig spekulierte er nämlich offenbar darauf, sich in diesem Machtkampf als Herr über alle Serben durchsetzen zu können. Der Verzicht auf einen Teil des ursprünglich geforderten Territoriums fiel ihm verhältnismäßig leichter als Karadzic. Denn dessen politischer Einfluß wäre bei einer Annahme des Friedensplanes entschieden gesunken. Durchzusetzen schien sich im Herbst 1994 der sozialistische serbische Flügel Milosevic', der in der Tradition der Partisanen und der Kommunisten stand, gegen die Erben der königstreuen Tschetniks um Karadzic.

Stachel im Fleisch Milosevic'

Die neuerliche Spaltung der Serben hat schon fast Tradition. »In entscheidenden Phasen seiner Geschichte war das serbische Volk immer gespalten«, analysierte die *Neue Zürcher Zeitung*. Es gebe keinen einheitlichen serbischen Politikerschlag mit klaren nationalen Zielen. Die Drina trenne zweierlei Serben: Westlich der Drina lägen die ehemaligen Untertanen des Habsburgerreiches, östlich diejenigen Serben, die sich schon im 19. Jahrhundert von den Osmanen befreit und einen eigenen Nationalstaat geschaffen hätten. Die *NZZ* teilt die Meinung des Direktors des Belgrader Instituts für internationale Politik und Wirtschaft, Predrag Simic: Die Serben westlich der Drina wollen heute endlich dem 100 Jahre alten Vorbild ihrer Brüder im Osten folgen – und einen Nationalstaat bilden. Karadzic bestätigte diese Meinung mit dem Ausspruch, er müsse »ein Vermächtnis von Generationen und Jahrhunderten« einlösen: den Traum von einem Serbenstaat westlich der Drina und schließlich von einem einheitlichen Staat aller Serben.[15]

Der Haß auf Belgrad und Milosevic unter den nationalistischen Serben in Bosnien ist deshalb auch älter als der neuerliche Bruch zwischen den beiden serbischen Gruppen. In Karadzic' Bergfeste Pale erschien schon 1993 eine Zeitschrift, die die bosnisch-serbische Kritik an Belgrad auf den Punkt brachte: »Belgrad ist eine Hure Titos. Es hält sich für jugoslawisch, für kosmopolitisch, für demokratisch. Nur was es ist, will es nicht sein: serbisch.«[16]

Für seine Vision vom großserbischen Staat riskierte Karadzic auch den völligen Bruch mit Belgrad. Er hatte im Mai 1995 366 UN-Soldaten und -Beobachter zu Kriegsgefangenen erklärt. Nun bat Milosevic »die Führung der Serbischen Republik«, die Blauhelme freizulassen als »ein Zeichen der Bereitschaft zu einem Schritt zu einer friedlichen Lösung der Krise«. Karadzic gab zunächst nach und entließ eine erste Gruppe von 120 Blauhelmen aus der Gefangenschaft. »Die Führung der Serbischen Republik entspricht damit den Forderungen und Appellen des Präsidenten Serbiens, Slobodan Milosevic«, ließ Karadzic verlauten, »und unternimmt von sich aus diesen Schritt zu einer friedlichen Lösung der gegenwärtigen Krise.« Hatte sich Milosevic durchgesetzt? Am nächsten Tag lagen neue Forderungen auf dem Tisch sowie die Meldung, es seien erneut 66 UN-Soldaten (50 Kanadier und 16 Franzosen) gefangengenommen worden. Als Zeichen des guten Willens verlangten Karadzic und sein Befehlshaber, General Ratko Mladic, eine Verzichtserklärung der Nato auf Luftangriffe.

Wie ein Stachel sitzt Karadzic seinem einstigen Kampfgefährten in Belgrad im Fleisch. Für Milosevic' Gespräche mit der Kontaktgruppe bleibt er stets ein unberechenbarer Risikofaktor. Wer gewinnt den Machtkampf? »Bei aller Großsprecherei« von Seiten Karadzic' werde der Sieger Milosevic heißen, meinte die *FAZ*. Auch außenpolitisch stehe Milosevic besser da. Er gelte wieder als friedenswillig, nur stünden seinen Zielen eben einige verstockte Serben in Bosnien und deren Führer Karadzic entgegen.[17] Im Oktober 1994 lockerten die Vereinten Nationen die Sanktionen, nachdem die beiden Jugoslawien-Beauftragten David Owen und Thorvald Stoltenberg bestätigt hatten, daß das Embargo gegen die bosnischen Serben eingehalten werde. Der Flughafen von Belgrad ging wieder in Betrieb, ebenso die Fährverbindungen.

Ganz endgültig scheint der Bruch zwischen Belgrad und Pale aber doch nicht zu sein. Bill Clinton hatte angekündigt, die USA werde Waffenlieferungen an die Muslime nicht mehr kontrollieren; Nato-Kampfflugzeuge wurden gegen serbische Verbände vor Bihac eingesetzt. Im Anschluß daran überquerten angeblich Hunderte von Flugabwehrraketen, Zugmaschinen und Panzerfahrzeuge von Belgrad aus den Kontrollpunkt Sremska Raca an der Save. Und das zeitgleich mit der Ankündigung des Uno-Sonderbeauftragten für Ex-Jugoslawien, Yasushi Akashi, die Nato werde vorerst keine Luftangriffe mehr gegen Karadzic' Truppen fliegen, »um Belgrads Einfluß auf den bosnischen Serbenführer Radovan Karadzic nicht zu gefährden«.[18] *Der Spiegel* wollte darin den Beweis sehen, daß auch der letzte Streit zwischen Belgrad und Pale »die Komödie eines Bruderzwists« gewesen sei, nur noch geschickter inszeniert. Milosevic und Karadzic betrieben insgeheim weiter Hand in Hand die Errichtung Großserbiens und hätten mit dieser »Doppelstrategie« allmählich Erfolg. Beide seien durch die Vermittlermission Jimmy Carters, des »freiberuflichen Diplomaten«, als »Respektspersonen« aufgewertet worden. Der hatte Ende 1994 immerhin einen viermonatigen Waffenstillstand ausgehandelt.[19]

Doch es scheint, als hätte sich Karadzic 1995 endgültig von seinem einstigen Förderer abgenabelt und sich auf seine eigene Politik verlegt, unabhängig von Belgrader Interessen. Im Mai 1995 versammelte sich im Kosovo die Elite der serbischen Hardliner. 500 Nationalisten forderten den Sturz Milosevic', der die großserbische Idee verraten habe. Karadzic wäre sicher gerne dabei gewesen, ließ sich aber entschuldigen, weil die Lage an der Front »höchste Aufmerksamkeit« erfordere. Er könne deshalb an der »Gestaltung des zukünftigen Serbien« nicht teilnehmen.[20] Offenbar zwang ihn die Offensive der Muslime bei Sarajevo und an anderen Fronten, eine neue Strategie zu erarbeiten. Im Juli 1995 hatte Karadzic das neue Drehbuch zur Lösung des Balkankonflikts ausgearbeitet und begann gleich mit der Umsetzung: mit der Einnahme Srebrenicas und der Aggression gegen die anderen ostbosnischen Schutzzonen. Er will sein Serbenreich offenbar partout durchsetzen – gegen den Widerstand der ganzen Welt und um den Preis des Verlustes alter Verbündeter.

8. Kampf gegen das eigene Volk: Granaten auf den serbischen Widerstand

In Sarajevos Vorort Hrasnica wurden Serben schlecht behandelt. Die bosnische Armee ließ dort seit mehr als zwei Jahren eine rein serbische Brigade Schützengräben ausheben: Arbeitspflicht. Der serbische »Bürgerrat« meldete, 26 Serben seien dabei schon ums Leben gekommen. Alle 750 serbischen Bewohner des Vorortes beabsichtigten schließlich umzusiedeln – nicht in die Serbische Republik, sondern auf die andere Seite des Flughafens.

In den Vorort Dobrinja, der ebenfalls von den Truppen der Regierung kontrolliert wird.[1] Denn mit Karadzic' Schlächtern und Heckenschützen wollten sie nichts zu tun haben.

Mehr als 10.000 Menschen starben bisher im eingeschlossenen Sarajevo an Hunger und Karadzic' Geschossen, 50.000 wurden verletzt. Wenn der Serbenführer Granaten auf die Stadt regnen läßt, dann sterben auch Serben. Insbesondere die Intellektuellen in den Städten verweigern dem Bauern aus den montenegrinischen Bergen mit seinen nationalistisch-rassistischen Zielen die Gefolgschaft. Der Schriftsteller Dzevad Karahasan (»Der östliche Divan«) meinte, es handle sich »nicht um einen Konflikt zwischen drei Völkern«, sondern um »einen Angriff einer faschistischen Armee auf unbewaffnete Zivilisten«. Das Argument, in Bosnien stünden sich drei nationale Gruppen gegenüber, ist für ihn eine »persönliche Beleidigung«.[2]

Es gibt sie also doch, die von Karadzic geleugnete bosnische Identität. Der kroatische Verleger und Schriftsteller aus Sarajevo, Ivan Lovrenovic, meint zynisch, die »bosnische

Identität wäre ohne diesen furchtbaren Krieg vielleicht nie so klar zum Ausdruck gekommen«. Sarajevo sei das zweite Jerusalem, die Tempel aller monotheistischen Religionen stünden so nahe beieinander, daß sie mit einem Blick zu erfassen seien.[3] Auf dieses einzigartige Miteinander verschiedener Nationen, Religionen und Kulturen in Europa waren und sind die Bosniaken stolz.

Auch in Tuzla lebten im März 1993 noch 10.000 Serben. Einige der Stadtverordneten waren Serben, der Bürgermeister Kroate. Nur 500 Personen meldeten sich, als Karadzic muslimische Verwundete aus Srebrenica im Tausch gegen die serbischen Einwohner der Stadt anbot, die er schützen wolle. Serbische Christen und Muslime begruben ihre Toten gemeinsam und nebeneinander, als Karadzic 1993 seine Truppen gegen die Stadt marschieren ließ. 120.000 Einwohner lebten dort, Zehntausende suchten als Flüchtlinge vor den vorrückenden Serben Schutz in der Stadt.

In Zagreb wehrte sich zu Beginn der Auseinandersetzungen eine serbische Intellektuellengruppe gegen jede Grenzveränderung. Die Krajina müsse kroatisch bleiben, forderte sie, aber den Autonomiestatus erhalten. Die Serben müßten als zweites Staatsvolk anerkannt werden.[4] Sie selbst wollten in Zagreb wohnen bleiben.

Besonders deutlich dokumentiert sich der gemeinsame Widerstand von Vertretern aller Volksgruppen gegen Karadzic in Sarajevo. Seit dem 2. Mai 1992 belagern serbische Tschetniks die Stadt, in der das bosnisch-herzegowinische Parlament seinen Sitz hat. Sarajevo ist eine geteilte Stadt, doch auf beiden Seiten leben Serben. Im muslimischen Teil sterben sie mit Kroaten und Muslimen durch serbische Geschosse; jenseits des Flüßchens Miljacka, im serbischen Stadtteil Grbavica, durch die Kugeln von muslimischen Hekkenschützen. Nur über den heißumkämpften Berg Igman führt eine Straßenverbindung durch nicht von Serben besetztes Gebiet in die Stadt.

60.000 Serben leben noch im muslimischen Teil von Sarajevo, daneben 20.000 Kroaten und 200.000 Muslime. Auch in der Regierungsarmee, die gegen Karadzic kämpft, sind fünf bis sieben Prozent der Soldaten Serben, konstatiert der »Serbische Bürgerrat«. Einer, Jovan Divjak, gehört sogar dem Generalstab an. Rund um Sarajevo schießen also auch Serben auf Serben: Die »Verräter« in der Stadt bekämpfen die »Faschisten« auf den Hügeln.

Viele Intellektuelle der Stadt, vor allem aus linken Gruppierungen, fühlen sich der Tradition des Zusammenlebens verschiedener Völker und Glaubensrichtungen verpflichtet. Ihr Sprachrohr ist die inzwischen berühmt gewordene Zeitung *Oslobodjenje*. Sie wird von Redakteuren aller drei Volksgruppen realisiert. Alle nationalen Gruppierungen sieht sie als Gegner an, in Sarajevo auch die Partei Izetbegovic'.

Immer wieder beklagte Karadzic lautstark die Unterdrückung der Serben, die noch nicht einmal als staatsbildendes Volk anerkannt würden. Die Serben in Sarajevo negieren die Benachteiligung: Auch wenn es einzelne Fälle von Diskriminierung gebe, könne von einer »organisierten Verfolgung« oder einer »organisierten Unterdrückung« nicht gesprochen werden.[5]

Carl Gustaf Ströhm, der sich in der Hamburger Tageszeitung *Die Welt* von Beginn an für die Sezessionen stark gemacht hatte, hält trotz des mehr als 1.000tägigen Widerstandes von Sarajevo ein Miteinander der drei Völker in einem gemeinsamen Staat Bosnien-Herzegowina für unmöglich: »Wer in Zukunft ein ›multiethnisches Bosnien‹ will, muß es nicht nur mit Waffengewalt erzwingen – sondern es auch mit Waffengewalt am Leben erhalten. Alles andere wäre eine verhängnisvolle Illusion.« Unbeachtet bleibt dabei das Argument, im Jugoslawien von Tito wäre es gelungen, die Differenzen vergleichsweise vergessen zu machen. Auch zahllose Stellungnahmen von Bosniern, die noch 1992 von einem friedlichen Miteinander in ihren Dörfern berichteten, lassen

Ströhm unbeeindruckt. Nicht zuletzt ignoriert er Berichte, wonach etwa in Sarajevo die Bewohner im April 1992 geschlossen gegen den Krieg und die »nationalen Führer« demonstriert hätten.

Ein Bewohner Sarajevos gilt als ein »Sarajlij«, egal, ob er Serbe, Kroate oder Moslem ist. »Glauben Sie nicht, daß dies ein ethnischer oder ein religiöser Krieg ist«, meinte eine Journalistin der inzwischen als »mutigste Zeitung der Welt« geadelten *Oslobodjenje*. »Die Menschen von Sarajevo haben Hunderte von Jahren friedlich zusammengelebt. Und wir wollen dies, sofern wir überleben, auch in Zukunft tun.«[6] 1995, nach drei Jahren des Krieges im ehemaligen Jugoslawien und nach unzähligen gescheiterten Teilungsplänen, sieht beispielsweise die außenpolitische Kolumnistin der *New York Times*, Flora Lewis, dennoch als einzige Lösung für Jugoslawien entweder die Konföderation oder eine Art von »jugoslawischem Commonwealth«.[7] Dasselbe planen die vom »Serbischen Bürgerrat« vertretenen Serben, die in den von der Regierungsarmee kontrollierten Gebieten leben. Und auch die Kroaten, die nicht dem herrschenden radikalen Flügel in der Kroatisch Demokratischen Gemeinschaft (HDZ) angehören, wollen keine Aufteilung in ethnische Territorien. Ganz zu schweigen von den Muslimen, denen allerdings vorgeworfen wird, an ihren Sesseln zu kleben und in den Ämtern überrepräsentiert zu sein.[8]

Auch Peter Ustinov hatte in der *Welt* zuvor die Meinung geäußert, diese »Schau der Harmonie« könne von »geistarmen Puristen« einfach nicht geschluckt werden und müsse deshalb zerstört werden.[9] Er führte die Schweiz an als Paradebeispiel, wie das Zusammenleben funktionieren kann, eine »Blaupause für das Europa der Zukunft«. Auch die USA seien in 200 Jahren zu einem Volk geworden. Ströhm dagegen greift lieber noch weiter zurück, auf 400 Jahre Geschichte, und zwar den kriegerischen Teil derselben. Im Laufe der Jahrhunderte habe sich »soviel Frustration, Haß und Entfremdung angesammelt, daß ein Ausbruch der dämonischen Kräfte eigentlich nicht verwunderlich ist«.[10]

Das Sarajevo von 1990 war geprägt von Harmonie. Dennoch wird es dank einiger Nationalisten wohl zunächst eine geteilte Stadt werden. Einen Namen für den serbischen Teil hat Karadzic ja schon gefunden: Principovo, benannt nach dem serbischen Nationalisten, der 1914 in Sarajevo den österreichischen Thronfolger tötete.[11] Nicht zuletzt dagegen hat sich in Sarajevo, Tuzla und anderswo serbischer Widerstand gebildet. Dieser Widerstand ist zahlenmäßig größer als derjenige der Deutschen gegen Hitler. Nicht alle Serben heißen Karadzic, nicht alle folgen Milosevic, nicht alle nehmen Teil am Schlachten.

9. Größenwahn:
Karadzic gegen den Rest der Welt

Das Trauma sitzt tief. »Serbien muß sterbien« hatte die faschistische deutsche Propaganda vor 50 Jahren verkündet. Tatsächlich metzelte damals die kroatische Ustascha unterstützt von der SS Zehntausende von Serben nieder. Die serbische Propaganda spricht inzwischen von 700.000 Opfern. Diese Zahl ist zwar mindestens um das Dreifache zu hoch, aber daher umso geeigneter, Stimmung zu machen. Diese wurde zusätzlich angeheizt durch den Ausspruch des heutigen deutschen Außenministers, Klaus Kinkel, Serbien müsse »in die Knie gezwungen werden«.[1]

Als die »wahren Kriegsverbrecher« wollte Karadzic deshalb diejenigen entlarvt wissen, »die einst die Konzentrationslager erfanden«.

Das »Vierte Reich« wolle nun nachholen, was im Zweiten Weltkrieg nicht gelungen sei – die Beherrschung des Südostens. Die Deutschen, der Vatikan und die Islamisten wären wieder vereinigt in diesem einem alten Ziel: »Serbien muß sterbien.«

Deutschland, erklärte Karadzic seine Sicht der Dinge, habe den Zweiten Weltkrieg zwar militärisch verloren, ihn nachträglich aber politisch und wirtschaftlich gewonnen. Es habe alle gewünschten Satellitenstaaten erhalten, »Slowenien, Kroatien, den kroatischen Teil von Bosnien-Herzegowina, wahrscheinlich auch die Moslems. Dazu kommen als Einflußsphäre die Tschechische Republik, die Slowakei, Ungarn, die drei baltischen Republiken, wahrscheinlich auch Albanien«. Sein Schluß: »Deutschland dominiert schon heute in Europa.«[2]

Kinkels Vorgänger hatte die frühzeitige Anerkennung Kroatiens und Sloweniens initiiert sowie schließlich durchgedrückt und damit jede Aussicht auf eine Einigung der Völker und ihren Zusammenschluß in eine Föderation zerstört. Die internationalen Instanzen hatten sich damit allerdings bessere Eingriffsmöglichkeiten verschafft. Aus einem Bürgerkrieg, beispielsweise in den serbisch bewohnten Gebieten in Kroatien, war nun völkerrechtlich ein Krieg geworden. Die Jugoslawische Volksarmee (JNA) operierte plötzlich außerhalb ihrer Grenzen. In einen innerstaatlichen Konflikt einzugreifen, ist der Uno nur eingeschränkt möglich. Der Maßnahmenkatalog bei zwischenstaatlichen Konflikten ist dagegen erheblich umfangreicher. Die Anerkennung Bosnien-Herzegowinas am 6. April bezweckte dasselbe. Die Soldaten der JNA, die Anfang Mai den Präsidenten Alija Izetbegovic festgesetzt hatten, mußten von Belgrad zurückgerufen werden. Alle Soldaten aus Serbien und Montenegro, so lautete der Befehl, hätten zurückzukehren. Von den 100.000 Mann der JNA in Bosnien war dies allerdings nur ein Fünftel. Drei Fünftel waren bosnische Serben, ein Fünftel Kroaten und Muslime. Viele der Serben wechselten als Freiwillige in Karadzic' Armee. Die JNA hinterließ außerdem ihr reichhaltiges Waffenarsenal. Nach Schätzungen der Nato handelte es sich um 600 Artilleriegeschütze, einige hundert Kampfpanzer, 200 Schützenpanzer, 50 Flugzeuge und Helikopter sowie Hunderte von Mörsern.

Karadzic glaubte, in der internationalen Anerkennung der Teilrepubliken eine Verschwörung erkennen zu können: Die neue faschistisch-katholische Allianz, Europa unter Deutschlands Führung. Erinnerungen wurden wieder geweckt an Konzentrationslager wie das in Jasenovac und Massenhinrichtungen etwa in Kragujevac: An einem einzigen Tag töteten die Deutschen hier, 180 Kilometer östlich der Drina, fast die ganze männliche Bevölkerung – durchschnittlich 100 Serben pro einem deutschen Offizier. Als der deutsche Bundestag Ende Juni 1995 beschloß, deutsche Soldaten zur Unterstützung einer Schnellen Eingreiftruppe nach Bosnien zu schicken, nannte Karadzic diese Entscheidung lapidar »unglücklich«. Es gebe unter der serbischen Bevölkerung noch sehr viele Zeugen des Vorgehens von Deutschen im Zweiten Weltkrieg.[3]

»Die Deutschen rauswerfen!«

Die Angst vor den dunklen alten Mächten war im auseinanderfallenden Jugoslawien wiedergeboren. Provozierend nahmen die neuen Machthaber in Kroatien das alte Ustascha-Symbol, das Schachbrett, ins Staatswappen auf. Außerdem ließen sie stillschweigend den Passus aus der Verfassung verschwinden, der den Serben in Kroatien den Status eines Staatsvolks zusicherte. Berufliche Diskriminierungen taten ein übriges. »All das bestärkte die Kräfte«, urteilte der letzte deutsche Botschafter in Belgrad, Hansjörg Eiff, »die nur darauf gewartet hatten, den neuen kroatischen Staat als einen Abklatsch des Ustascha-Regimes des Zweiten Weltkrieges anprangern zu können.«[4] Einer dieser Nutznießer war Karadzic.

Als Schuldige an der jetzigen »Krise« nannte Karadzic in einem Interview des *Spiegel* konsequenterweise die Außenminister der Länder der ehemaligen Achse: Hans-Dietrich Genscher, Alois Mock (Österreich) und Gianni De Michelis (Italien). Insbesondere die Deutschen nähmen bei den Gesprächen der internationalen Kontaktgruppe einseitig für die Moslems und Kroaten Partei. Daher forderte er: »Die Deutschen sollte man da unbedingt rauswerfen!«[5]

In einem hat Karadzic recht. Nirgendwo sonst auf der Welt bezog die Öffentlichkeit derart rasch und eindeutig Stellung gegen die Serben wie in der Bundesrepublik. Die Münchner Journalistin Mira Beham nennt vor allem die *FAZ, Die Welt* und den *Spiegel*; sie seien einem »einfältig historisierenden Denken verhaftet«, dem auch eine »orientierungslos gewordene Linke« bald gefolgt sei. Genschers Drängen nach einer schnellen Anerkennung Sloweniens und Kroatiens sowie Bosnien-Herzegowinas – weltweit als fataler Fehler beurteilt – sei ein »Reflex« auf die geballte öffentliche Meinung in der Bundesrepublik gewesen. Das alles habe das geschürt, was die Medien heute den serbischen »Verfolgungswahn« nennen.[6] Die nach Autonomie strebenden Länder Ex-Jugoslawiens hätten durch eine professionelle Kampagne schließlich auch den Rest der Welt hinter sich gebracht: Die amerikanische Werbeagentur Ruder Finn darf sich heute rühmen, Kroatien, Bosnien-Herzegowina und das Kosovo 1992 propagiert zu haben. »Konzentrationslager«, »Genozid« und »Massenvergewaltigungen« wurden mit Hilfe der Werbeagentur einseitig auf die serbischen Kriegsparteien bezogen.[7]

Dennoch sprachen sich die meisten westlichen Politiker gegen militärische Aktionen aus, etwa der EG-Ratspräsident Uffe Ellemann-Jensen, der zuvor Interventionen in Somalia und dem Irak befürwortet hatte. Wegen der besonderen geographischen Verhältnisse auf dem Balkan, so Ellemann-Jensen, wäre eine Unzahl von Soldaten nötig. »Hohe Verluste wären zu erwarten. Ich glaube nicht, daß die europäischen Länder das durchhalten würden«.[8] Ellemann-Jensen baute auf ein politisches, wirtschaftliches und kulturelles Embargo. Selbstverständlich sollte den Opfern mit humanitären Maßnahmen geholfen werden.

Die Hilfslieferungen an die Muslime waren Karadzic von Anfang an ein Dorn im Auge. Die Serben fühlten sich benachteiligt, schließlich seien auch zwei Millionen Serben auf der Flucht. Karadzic bestand darauf, die Ladungen zu überprüfen. Sein Mißtrauen wurde im April 1993 genährt. In einem Uno-LKW, der Mehl nach Sarajevo bringen sollte, hatten seine Kontrolleure 48 Kisten mit Munition gefunden. Karadzic drohte damit, keine Uno-Konvois mehr passieren zu

lassen.[9] In der Folge kam es immer wieder zu Auseinandersetzungen zwischen Serben und Hilfskräften. Vor allem Konvois
nach Sarajevo behinderten die Serben. Im Oktober 1994 wurde vor Gorazde ein Fahrer getötet, einer verletzt. Einen Zug
mit fünf Wagen entführten Karadzic' Kämpfer komplett.[10]

Todfeind USA

Insbesondere in den USA hatte die Werbekampagne von
Ruder Finn durchschlagenden Erfolg. Seit dem 12. April
1993, 14 Uhr, überwachten zunächst 70 überwiegend amerikanische, aber auch französische und niederländische
Kampfflugzeuge den Luftraum über Bosnien. Bis dahin hatten serbische Maschinen mehr als 100mal das im Oktober
1992 verhängte Flugverbot mißachtet. Es ist nicht verwunderlich, daß Karadzic' zweiter Todfeind außerhalb Ex-Jugoslawiens in Washington sitzt. US-Präsident Bill Clinton gab bald
seinen anfänglichen Standpunkt auf, die Europäer sollten
das Jugoslawien-Problem selbst lösen; seine Regierung bezog
nun klar Position gegen die Serben und für die Muslime. Was
eine tiefe Kluft zwischen den Verbündeten aufriß. Für Frankreich bedeutete diese Entscheidung der USA eine Verlängerung des Krieges in Bosnien: Unterstützt von den Amerika-
nern, würden die Muslime weiterkämpfen. »Das wäre eine
Katastrophe«, sagte Frankreichs Außenminister Alain Juppe
im Januar 1994, »und unsere amerikanischen Freunde wären
dafür verantwortlich«.[11] Erstmals forderten die Gaullisten im
Verteidigungsausschuß der Nationalversammlung den Abzug
der französischen UN-Soldaten. Unbeeindruckt davon verlangte US-Verteidigungsminister William Perry lautstark
»energische Angriffe« auf die Serben, wenn diese ihre Attak-
ken insbesondere auf Gorazde und die anderen UN-Schutzzonen nicht einstellten. Bei einem weiteren Mandat für Nato-
Luftangriffe, so Perry im April 1994, könnten die USA und

ihre Verbündeten Kampfflugzeuge in großer Zahl einsetzen.[12] Zuvor hatte die Nato zur Durchsetzung des Flugverbotes im Februar 1994 erstmals vier serbische Maschinen abgeschossen.

Das Desaster von Uno und Nato voraussehend, analysierte damals schon der ehemalige britische Premierminister Edward Heath kühl das Für und Wider einer interventionisti-

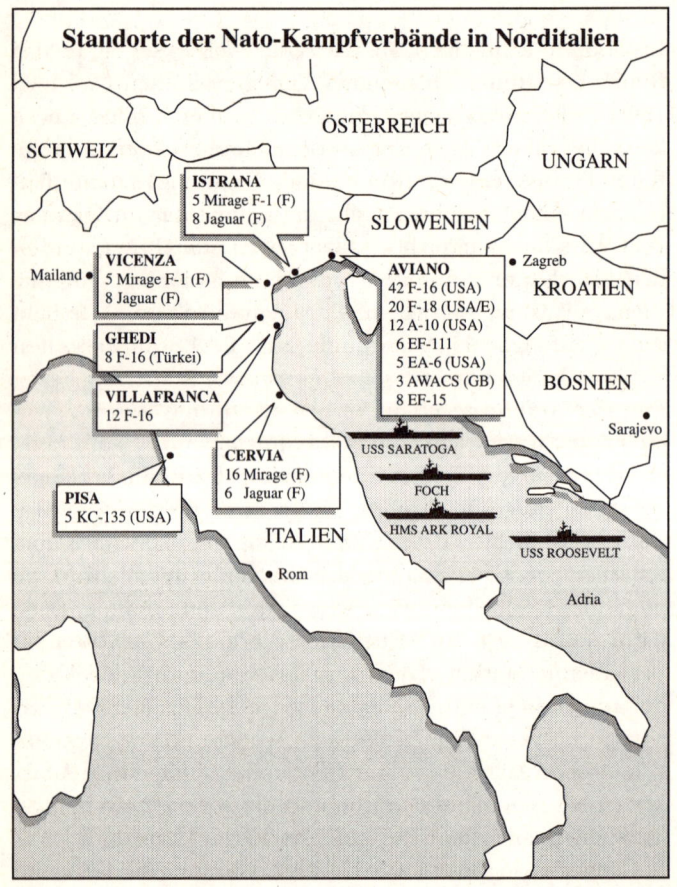

Standorte der Nato-Kampfverbände in Norditalien

ÖSTERREICH

SCHWEIZ

UNGARN

ISTRANA
5 Mirage F-1 (F)
8 Jaguar (F)

SLOWENIEN

Mailand •

VICENZA
5 Mirage F-1 (F)
8 Jaguar (F)

• Zagreb

AVIANO
42 F-16 (USA)
20 F-18 (USA/E)
12 A-10 (USA)
6 EF-111
5 EA-6 (USA)
3 AWACS (GB)
8 EF-15

KROATIEN

GHEDI
8 F-16 (Türkei)

VILLAFRANCA
12 F-16

BOSNIEN

• Sarajevo

USS SARATOGA

CERVIA
16 Mirage (F)
6 Jaguar (F)

FOCH

PISA
5 KC-135 (USA)

HMS ARK ROYAL

ITALIEN

USS ROOSEVELT

• Rom

Adria

schen Politik: Es gebe zwei mögliche Ergebnisse der Luftangriffe. Entweder führen diese zu keiner Lösung. Man müßte
sie also einstellen, was einen kompletten Verlust an Glaub-
würdigkeit zur Folge hätte. So war es nach dem Ende der militärischen Aktivitäten im Libanon der Fall. Die zweite Möglichkeit bestünde darin, die Intervention »Schritt für Schritt«
auch am Boden zu verstärken, »until it becomes a full-scale
war« (bis es ein totaler Krieg wird«). Auch dann wäre kein
Erfolg garantiert, siehe Vietnam.[13]

Karadzic wertete die Luftangriffe als Zeichen dafür, daß
die Nato (das hieß für ihn: die USA) die Schwäche der Uno
(da Großbritannien und Frankreich in dieser Frage gegen
Deutschland standen) ausgenutzt habe und nunmehr abso-
lut selbständig vorgehe. »Die Einmischung der Nato in unsere Krise ist katastrophal. Die Nato ist eindeutig antiserbisch,
und Drohungen, die sich einseitig gegen uns richten, werden
nicht zum Frieden führen.«[14] Keine Organisation sei legiti-
miert, die Vereinten Nationen zu ersetzen. Diese Absicht
unterstellte Karadzic offenbar der Nato beziehungsweise den
USA. Daß die Nato auf Anforderung der Uno vorging, wollte
Karadzic nicht gelten lassen: »Die Nato war entschlossen,
auch ohne Aufforderung zu schießen.«[15]

Möglicherweise lag Karadzic mit dieser Einschätzung gar
nicht so falsch. Wenige Wochen vor den ersten Nato-Einsät-
zen gegen serbische Stellungen hatte der damalige Uno-
General Francis Briquemont sich eindeutig gegen Luftangriffe ausgesprochen. »Mit Schlägen aus der Luft lassen sich die
Belagerungsringe um Städte wie Srebrenica, Gorazde oder
Mostar nicht sprengen.« Er verstehe zwar, daß alle Welt den
Serben eine Abreibung verpassen wolle. Das Problem sei aber
komplizierter. »Wir haben es mit einem Dreifrontenkonflikt
zu tun: die aus Cowboy-Filmen entlehnte Vorstellung, daß es
immer einen Guten und einen Bösen geben müsse, paßt
nicht auf die unentwirrbare bosnische Situation.« Die
schlimmsten Kämpfe fänden derzeit – Anfang 1994 – nicht

Standorte der UN-Schutztruppen

Okucani
Donau
Velika Kladusa
Save
Belgrad
Region Bihac
KRAJINA
Jelah
BOSNIEN-
Maglaij
HERZEGOWINA
Tuzla
Zepce
Drina
Gracac
Vitez
Srebrenica
Rastevic
Vares
Visoko
Zepa
Bugojno
Kiseljak
Sarajevo
Gornji
Konjic
Vakuf
Gorazde
SERBIEN/
Split
MONTENEGRO
Mostar
Medugorje

● Standorte der UN-Friedenstruppen

serbisch kontrolliert

muslimisch und kroatisch kontrolliert

unter Beteiligung der Serben, sondern zwischen Moslems und Kroaten in Zentralbosnien statt.[16] Briquemont kritisierte, daß er mit seinen 8.000 Blauhelmen an den Fronten humanitäre Hilfe leisten solle, während von draußen militärische Gewalt angedroht werde. Wer Krieg wolle, müsse auch die Konsequenzen bedenken.

Kein Respekt vor der Uno

Im April 1994 kam es dennoch erstmals zum Beschuß serbischer Stellungen vor der UN-Schutzzone Gorazde, in der 60.000 Muslime eingeschlossen waren. Karadzic' Außenminister Aleksa Buha erklärte, er betrachte Gorazde nicht als

Schutzzone, weil sie nicht entwaffnet worden sei. Auch seien die Grenzen der Zone nicht fixiert. Wenn die Serben, die in den Randbezirken der Stadt lebten, angegriffen würden, schlügen die serbischen Soldaten zurück.[17]

Zwei Nato-Luftangriffe schlugen fehl, und Mitte April mußten unter dem wachsenden Druck die Uno-Soldaten aus der Stadt ausgeflogen werden. Karadzic ließ seinen General Mladic das Werk dennoch nicht vollenden. Die muslimischen Einwohner zogen sich im Zentrum zusammen und hausten unter menschenunwürdigen Bedingungen. Karadzic verlangte von der Uno die vollständige Entwaffnung der Zone sowie eine serbische Gemeinde auf der Ostseite der Drina. 26 Prozent der Serben in Gorazde lebten größtenteils dort, 70 Prozent der Moslems zumeist im größeren Westteil.[18]

Der russische Präsident Boris Jelzin kritisierte die Nato-Angriffe, von denen er nicht einmal unterrichtet worden war, und forderte eine Sitzung des UN-Sicherheitsrates. Karadzic ließ seinen Sprecher verbreiten, bei einer Fortsetzung des

Kontingente der UN-Schutztruppen

Frankreich	4.707	Ukraine	1.113	Nigeria	98
Jordanien	3.505	Kenia	1.074	Portugal	55
Großbritannien	3.399	Polen	1.049	Brasilien	37
Pakistan	3.039	Nepal	953	Estland	33
Kanada	2.091	Tschech. Rep.	953	Irland	33
Niederlande	1.719	Norwegen	916	Litauen	33
Malaysia	1.595	Belgien	896	Ghana	32
Türkei	1.479	Argentinien	861	Senegal	18
Spanien	1.448	Slowakei	525	Schweiz	13
Rußland	1.349	Finnland	505	Tunesien	12
Bangladesch	1.323	Ägypten	492		
Dänemark	1.268	Indonesien	262	USA	874
Schweden	1.221	Neuseeland	258	(in Mazedonien)	

Gesamt: 39.238, davon Blauhelmsoldaten: 37.843, Militärbeobachter: 676, zivile Polizeikräfte: 719, Gefallene: 65 (in Kroatien: 21, in Bosnien: 44)

Beschusses könnte es auch zu Angriffen gegen Uno-Soldaten kommen: »Wenn die Uno mit Luftangriffen serbisches Leben bedroht«, verkündete er zynisch, »kann das Verhalten unserer Soldaten nicht mehr kontrolliert werden.«[19] Außerdem ließ Karadzic als Antwort auf die Luftangriffe serbische Kontrollpunkte um Sarajevo schließen und damit den Zugang zu Uno-Einrichtungen und die Fahrt durch serbisch kontrollierte Gebiete behindern. Dennoch zogen die Serben nach einem Ultimatum Ende April die schweren Waffen vor Gorazde ab. Uno und Nato kamen überein, auch künftig serbische Angriffe auf die sechs Schutzzonen (Gorazde, Tuzla, Bihac, Zepa, Srebrenica und Sarajevo) mit Luftangriffen zu beantworten.[20]

Seinen Sieg in Gorazde nutzte Karadzic propagandistisch aus. Die Welt sei knapp an einem großen Krieg vorbeigekommen, tönte er. Bei weiteren Luftschlägen hätte er seinen Soldaten die Abwehr mit allen Mitteln befehlen müssen und viele Nato-Flugzeuge wären dann abgeschossen worden. Nach zähen Verhandlungen zogen sich die 150 schwerbewaffneten Serben schließlich hinter eine Drei-Kilometer-Zone zurück. Sie behielten die Stadt aber weiter in ihrem Würgegriff. Nur einen schmalen Versorgungsweg konnten die Muslime freihalten.

Nach dem Bruch mit Belgrad, der auch eine Unterbrechung der Waffenlieferungen bedeutete, überfielen Karadzic' Soldaten ein Uno-Lager in der Nähe von Sarajevo. Sie entwendeten zwei Schützenpanzer und ein Flugabwehrgeschütz – die als schwere Waffen innerhalb einer Zone von 20 Kilometern um die Schutzzonen verboten und deshalb von der Uno konfisziert worden waren. Ein französischer Hubschrauber, der die Verfolgung aufnehmen wollte, wurde beschossen. Begründung der Serben für ihre Aktion: Man brauche die schweren Waffen, um eine muslimische Offensive nördlich von Sarajevo abzuwehren.[21] Eine Woche später kam es erneut zu einem versuchten Waffendiebstahl.

»Ohne Rücksicht«

Eine Woche nachdem Karadzic' Soldaten die Stadt Kupres an die nun wieder Seite an Seite kämpfenden Kroaten und Muslime verloren hatten, gab US-Präsident Bill Clinton endgültig seine Neutralität auf. Am 13. November 1994, fünf Uhr morgens, erteilte er den drei US-Schiffen, die gemeinsam mit 13 europäischen Nato-Einheiten das Waffenembargo gegen alle Parteien durchsetzen sollten (was offenbar auch den Moslems gegenüber nicht gelungen war), den Befehl, künftig Waffenlieferungen für die bosnischen Serben passieren zu lassen.

Damit hatte der US-Präsident die Bemühungen der westlichen Staaten um einen Konsens abgewürgt. Da konnte der britische Außenminister Douglas Hurd noch so sehr die »absolute Notwendigkeit gemeinsamen Handelns« beschwören, Nato-Generalsekretär Willy Claes die Amerikaner drängen, nicht die »gemeinsame Linie« zu verlassen. Clinton hatte entschieden. *Der Spiegel* malte schon das Szenario aus: Europäische Schiffe oder Flugzeuge stellen Waffenschmuggler, die im Auftrag der USA Kriegsgerät an die Bosnier liefern.[22] Clintons Schritt jedenfalls ließ die Stimmen noch lauter werden, die einen Abzug der Uno-Soldaten aus Bosnien forderten. Briten, Franzosen und Dänen sahen ihre Blauhelme schon zerrieben zwischen den waffenstarrenden Fronten der Muslime, Kroaten und Serben.

Auch Karadzic zeigte sich empört über Clintons einseitige Erklärung. Sofort ließ er die Angriffe auf Bihac verstärken, da er nun, wie sein Informationsminister bekannt gab, den Sieg bis zum Frühjahr 1995 anstrebe. »Wenn der Krieg bis zum nächsten Sommer andauert, werden die Muslime zu stark. Deshalb gehen wir jetzt mit allen Mitteln vor, ohne Rücksicht auf ›Sicherheitszonen‹ oder Flugverbote der Uno.«[23]

Nato und Uno reagierten mit weiteren Strafmaßnahmen: Auf den Verstoß gegen das Einfuhrverbot von Panzern und schweren Waffen in eine 20-Kilometer-Zone um das Zentrum und den Beschuß eines Uno-Fahrzeugs folgten Nato-Luftangriffe auf serbische Stellungen bei Sarajevo. Nun drohten Karadzic und seine Militärs mit Vergeltungsschlägen gegen Uno-Schutztruppen. Auch würden bei einer Verschärfung der Sanktionen gegen die »Serbische Republik« alle Beziehungen zur Uno abgebrochen.[24]

Im November bombardierten 39 Nato-Flugzeuge den serbischen Flughafen Ubdina, 60 Kilometer südlich von Bihac. Von dort aus hatten die Serben Angriffe auf Bihac geflogen. US-Präsident Bill Clinton sprach von einer »starken und völlig angemessenen Antwort«.[25] Auch Raketenstellungen der Serben vor der Moslem-Enklave wurden beschossen. Karadzic' Soldaten feuerten daraufhin auf zwei britische Flugzeuge. Mit den heftigen Angriffen auf Bihac, so vermutete die Belgrader Zeitung *Borba*, habe Karadzic versucht, Nato und Uno endgültig in die Kämpfe hineinzuziehen und damit Milosevic zur Aufgabe seiner harten Position gegen die bosnischen Serben zu bewegen.[26] Doch dann verließ im Gegenteil ein großes Uno-Kontingent die Schutzzone. 400 der 1.200 UN-Soldaten aus Bangladesh wurden nach Kroatien ausgeflogen, weil sie in der Zone nicht mehr zu ernähren gewesen wären.[27]

Es der Staatengemeinschaft »mit gleicher Münze heimzahlen«

Karadzic selbst verkündete, es werde erst Frieden geben, wenn Bihac erobert sei. Sein Instinkt, meinte *Der Spiegel*, verriet ihm, daß die Uno zwar Warnungen und Mahnungen aussprechen würde, aber letztendlich kaum Taten würde folgen lassen.[28] Karadzic forderte auch gleich einen Preis für den Verzicht darauf, das »Widerstandsnest Bihac« zu überrollen: die Rückgabe des kurz zuvor von muslimischen und kroatischen Truppen eroberten zentralbosnischen Ortes Kupres

Schwacher Schutz: Ein kanadischer Uno-Soldat bewacht das Holiday Inn in Sarajevo.

sowie die Räumung der moslemischen Bergstellungen an der Stadtgrenze von Sarajevo.

Indirekt sprach sich *Der Spiegel* mit seinen Spekulationen über Karadzic' Absichten für schärfere militärische Maßnahmen gegen die Serben aus. Auch in den USA mehrten sich diese Stimmen. Sie übersahen, daß der Auftrag der Uno in Bosnien nicht lautete, Krieg zu führen, Territorien zu verteidigen oder eine Lösung zu erzwingen, sondern Voraussetzungen für eine politische Lösung zu schaffen. Festgelegt sind die Aufgaben der Blauhelme in der Uno-Resolution 743. Abseits der Schlagzeilen leistete die Uno dies vergleichsweise erfolgreich: 23.000 Soldaten retteten Tausende von Eingeschlossenen und Flüchtenden vor dem Verhungern, die Waffen schwiegen zur Jahreswende 1994/95 weitgehend. »Bemerkenswert«, wie General Sir Michael Rose nach Ende seines Mandats meinte.[29] Außerdem befände sich »ohne die Präsenz der Uno inzwischen ganz Bosnien in serbischer Hand«.[30] Die *FAZ* dagegen spottete: »Was der General zur begrenzten Aufgabe der Blauhelme sagt, erinnert stark an die Auffassung des Internationalen Komitees vom Roten Kreuz von seiner Mission.«[31]

Auch Karadzic setzte seine Politik der Nadelstiche gegen die Uno und deren »einseitige Politik« fort. Ende April ließ er vier westliche Diplomaten 24 Stunden lang auf eine Genehmigung für die Fahrt vom Flughafen ins Stadtzentrum von Sarajevo warten. »Was die Staatengemeinschaft gegen uns unternimmt, das werden wir ihr mit gleicher Münze heimzahlen.« Konkret sprach er die Weigerung des Uno-Sicherheitsrates an, die seit Oktober 1994 geltenden Lockerungen der Sanktionen gegen Rest-Jugoslawien nicht, wie erst versprochen, um 100, sondern nur um 75 Tage zu verlängern. Das sei »eine Demütigung der serbischen Nation«, verkündete Karadzic.[32] Dieses Argument war schwach, hob aber auf die serbische Ehre ab und zeigte somit Wirkung. Den Abzug der Uno aus Bosnien wollte Karadzic zwar nicht fordern, begrüßen würde er ihn aber. Er hätte damit ein wichtiges strategisches Ziel erreicht. Offenbar, so glaubten Beobachter, hoffte der Serbenführer nämlich darauf, wieder mit den Kroaten ins Gespräch zu kommen, wie dies schon 1991/92 der Fall war. In solchen Gesprächen könnte dann die alte Idee wiederbelebt werden, das Land untereinander aufzuteilen – zum Nachteil der Muslime.[33]

Die »Uno ist Kriegsgegner«

»Sollten unsere Stellungen von Nato-Bombern noch einmal angegriffen werden, dann sind die Blauhelme unsere Geiseln«, drohte er im Mai 1995 in einem Interview des *Spiegel* an. »Und werden die Uno-Schutzzonen von den Moslems nicht entmilitarisiert, werden wir sie alle mit Waffengewalt einnehmen, einschließlich Sarajevo.«

Wenige Tage später flog die Nato auf Anforderung der Uno Luftangriffe – Karadzic ließ 366 UN-Soldaten gefangennehmen und Tuzla, obwohl Schutzzone, bombardieren. 71 Menschen starben, und selbst die *FAZ* meinte, diese Tode seien durch die Nato-Angriffe »mitverursacht worden«.[34]

Im Mai 1995 verhärteten sich die Fronten zwischen der Uno und Karadzic. Unmittelbar nach einem Nato-Luftangriff auf ein Munitionsdepot in Pale – die Rauchsäulen waren noch im 15 Kilometer entfernten Sarajevo zu sehen – ließ Karadzic fünf der sechs Schutzzonen beschießen. Die Uno habe kein Recht, erklärte er, gegen seine Truppen vorzugehen, nachdem sie die Rückeroberung Westslawoniens durch die Kroaten geduldet habe. Die Uno wertete die Vergeltungsschläge Karadzic' als »Eskalation der Lage«.[35]

Seit Ende Mai bezeichnet der Serbenführer die Vereinten Nationen und ihre Soldaten unverblümt als Kriegsgegner. Die Uno habe sich »offen auf die Seite des Feindes« geschlagen, so der »Oberbefehlshaber«. Als Gegenleistung für die

Freigabe der Geiseln hätten die Serben die Garantie erhalten, daß keine Nato-Luftangriffe auf ihre Stellungen mehr geflogen würden. Der Außenminister der bosnischen Serben, Aleksa Buha, sagte, diese Zusage sei von »Leuten, denen wir trauen« gegeben worden. Frankreichs Staatspräsident Jacques Chirac jedoch bestritt jede diesbezügliche Abmachung.[36]

Milosevic, der offiziell allen Kontakt zu Karadzic abgebrochen hat, ließ beides, die Geiselnahme und die Nato-Luftangriffe, verurteilen. In Belgrad rätselte man, wie das »Umsichschlagen« von Karadzic und seinem Militärkommandanten Mladic zu bewerten sei. War es ein Zeichen von militärischer Schwäche nach den letzten Niederlagen, sollte es politisches Chaos überdecken? Oder bereitete Karadzic damit nur den letzten Streich vor, die Einnahme von Srebrenica, mit der er im Juli 1995 begann?

Die Außenminister Klaus Kinkel, Douglas Hurd und Gianni de Charette konnten sich in ihren Gesprächen zu keinen ernsthaften Maßnahmen gegen Karadzic durchringen. Resolutionen sprachen von »Empörung«, man verurteilte die Maßnahmen Karadzic' und forderte eine rasche Verstärkung der Uno-Truppen. Doch Karadzic weiß, daß die Uno-Truppen keinen Kampfauftrag haben. Zudem ist ihm bekannt, daß in der Uno keinesfalls Einigkeit herrscht, daß beispielsweise Frankreichs Premier Alain Juppe einen Krieg für Wahnsinn hält, weil sich ethnische Probleme nicht mit Waffengewalt von außen beseitigen lassen. Nicht zuletzt ist klar, daß US-Präsident Bill Clinton zwar die Kriegsschiffe mit 2.000 Marines in der Adria kreuzen läßt, aber lieber keine Bodentruppen im Kampfgebiet sehen möchte.

Zu groß ist die Angst der Welt vor einem neuerlichen Desaster wie in Vietnam. Auch fürchtet man, Radovan Karadzic könnte aus einer Verwicklung der Nato oder der UN-Soldaten ins Kriegsgeschehen Nutzen ziehen. Der ehemalige Kommandeur der Uno-Schutztruppen in Sarajevo etwa mutmaßt,

Demütigung: UN-Soldaten auf dem Weg aus serbischer Geiselhaft.

Karadzic spekuliere darauf, sich in diesem Fall als wehrloses Opfer auswärtiger Mächte darzustellen. Damit könne er nicht nur den Nationalismus aller Serben für sich gewinnen – sondern eventuell sogar noch russischen Beistand.[37]

Feindbild-Popanz

Das Feindbild Uno, das Karadzic aufgebaut hat, ist ein Phantom. Die Schutzzonen nicht entmilitarisiert zu haben, mag ein Fehler in der Uno-Planung gewesen sein. In der Tat scheinen die Muslime auch von dort aus ihre Angriffe vorbereitet zu haben. Doch die Uno ist nicht der fanatische Gegner der Serben, wie es Karadzic so gerne darstellt; das zeigen Aussa-

127

gen von General Rose nach dessen Mandatsende relativ klar. Rose wehrte sich beispielsweise leidenschaftlich gegen den Vorwurf, die Uno hätte in Gorazde versagt. Die Kritik bezog sich darauf, daß Rose keine Vergeltungsschläge der Nato angefordert hatte, obwohl die Serben die Schutzzone angegriffen und eine britische Maschine abgeschossen hatten. Seine Rechtfertigung: Er habe mittels eines Ultimatums die Umkehr serbischer Verbände vor Gorazde erreicht. Im übrigen seien die verheerenden Zerstörungen in Gorazde nicht auf den Angriff der Serben im Frühjahr 1994 zurückzuführen, sondern auf den Angriff bosnischer Regierungstruppen zwei Jahre zuvor: 12.000 Serben aus Gorazde wären damals vertrieben worden, »ethnische Säuberungen«, in diesem Fall begangen durch Moslems.

Noch ein Beispiel für die Integrität der Uno: In der Nacht vor der Abreise des bosnischen Staatspräsidenten Alija Izetbegovic in die USA, im September 1994, zählte die Uno-Mannschaft in Sarajevo 250 Schüsse. Journalisten vermuteten die Herkunft sofort bei den Serben. Doch die Uno wies mit ihren Geräten nach, daß die Schüsse von Regierungstruppen stammten. Sie intervenierte bei Izetbegovic und das Schießen hörte auf.[38]

Die Uno hat in Bosnien eine undankbare Aufgabe übernommen. Die Staatengemeinschaft, in deren Auftrag die Blauhelme handeln, hat offenbar keine klare politische Strategie. Vor allem Karadzic nutzt dies in seiner starken Position schamlos aus. Was dazu führt, daß jede der Parteien sich benachteiligt fühlt. Die Blauhelme stehen zunehmend als Gegner aller Kriegsparteien zwischen allen Fronten. Im April 1995 erschossen kroatische Soldaten einen polnischen UN-Soldaten bei Vojnic, 60 Kilometer südlich von Zagreb. Auch Izetbegovic will lieber weiterkämpfen. Eindeutig sprach er sich gegen eine Verlängerung des Waffenstillstands über den 1. Mai 1995 hinaus aus, weil die Serben noch immer 70 Prozent des Landes besetzten. »Wir wollen keinen Krieg«, hatte er im März 1995 beim Staatsbesuch in Bonn erklärt, »eine friedliche Lösung sehen wir aber nicht«. Izetbegovic' Oberkommandierender, General Rasim Delic, bezeichnete gleichzeitig die Uno als »Mühlstein um den Hals der Armee«.[39] Er forderte freie Hand gegen die Serben, soll heißen: Hebt das Waffenembargo auf. Bis heute gilt daher, was Rose sagte: Nicht allein wegen des Widerstands von Serbenführer Karadzic und General Mladic sei kein Frieden auf dem Balkan zu erreichen, sondern weil keine der drei Kriegsparteien den Frieden wirklich wolle. Als Uno-Kommandant müsse er »mit allen drei Führern in Bosnien Beziehungen unterhalten, solange ich da bin, aber danach mit keinem von ihnen mehr«.[40]

Auch George Kenney, der im August 1992 aus Protest gegen die Nicht-Interventions-Politik von Georg Bush das amerikanische Außenministerium verließ, spricht sich heute dafür aus, die Ergebnisse an den Fronten anzuerkennen. »Eine pauschale Verurteilung der Serben ebenso wie pauschale Unterstützung der bosnischen Muslime sollte überdacht werden.« Die Möglichkeit einer Intervention sei in diesem Bürgerkrieg längst vertan. Die nationalistischen Hardliner unter den Muslimen seien »unerfahren, korrupt und nicht in der Lage, internationale Politik zu begreifen«. Sie »verdienen wohl kaum die amerikanische Unterstützung in einem Bürgerkrieg, der ihr Land nicht retten, sondern zerstören wird«.[41] Karadzic wird es mit Freude zur Kenntnis genommen haben.

Was die Uno jetzt betreibt, ist Schadensbegrenzung. Die Fehler wurden lange vorher gemacht. David Owen nannte nach seinem Rückzug aus der Jugoslawienkonferenz (im Juni 1995 ersetzte ihn der ehemalige schwedische Premierminister Carl Bildt) den gravierendsten: Die Schutzzonen hätten entmilitarisiert und von Uno-Soldaten verteidigt werden müssen. Wenn man den Serben mit Luftangriffen drohe, weil sie schwere Waffen in die Schutzzonen gebracht hätten, so müsse diese Drohung auch gegen die Muslime ausgesprochen werden, wenn sie ebenfalls dort Waffen stationiert hätten. Owen zeigte sich skeptisch, ob die USA diese Form der Unparteilichkeit akzeptierten könnten. »Die Vereinten Nationen müssen sich vor dem Sirenengesang derer hüten, die Sofortlösungen wollen.«[42]

Nach monatelangen Beratungen, ob sich die UN-Soldaten aus Bosnien zurückziehen sollten, haben sich die 16 Verteidigungsminister der Nato darauf geeinigt, zum Schutz der Beschützer etwa 10.000 weitere Soldaten auf den Balkan zu schicken. Sie tragen olivgrüne Helme und sind mit schweren Waffen ausgestattet. Die Presse versah sie – Minister Rühe kritisierte es – mit dem Namen »Schnelle Eingreiftruppe«. Befehlsgewalt hat nicht die Uno-Zentrale in New York, sondern haben die beiden Generäle vor Ort. Neben britischen, französischen und niederländischen Soldaten ist jetzt auch die Bundeswehr im Kriegsgebiet – mit einer Sanitätseinheit und einigen Tornados samt Besatzung.

Karadzic' Antwort kam noch, bevor sich die Elitesoldaten akklimatisieren konnten: Er ließ Srebrenica einnehmen. Um einen weiteren Beschuß durch die Nato zu verhindern, setzte er 45 niederländische Blauhelme als Geiseln fest (andere Quellen nennen die Zahlen 55 und 64). Damit war nur der erste Dominostein in einer Reihe weiterer gefallen. Zepa und Gorazde bildeten die nächsten Angriffsziele von Karadzic. »Diese Stachel sind schnellstens zu entfernen«, hatte Karadzic seine Truppen angewiesen, »sonst haben wir keine freie Hand für die Entscheidungsschlacht.«[43] Schutzzonen zum Beschützen würde es danach in Ostbosnien nicht mehr geben, und die Uno wäre überflüssig in Bosnien. »Hier ist ein Konzept des Westens gescheitert«, stellte der bosnische Botschafter in Kroatien, Kasim Trnka, fest. Woran lag es? Die Erwartungen des Westens, geschürt durch die aggressiven Medienkampagnen, waren zu groß, die Personalstärke der Friedenstruppe zu gering. Nicht die Verteidigung Bosniens

verfolgte der Auftrag der Uno, sondern ausschließlich humanitäre Ziele. Karadzic erkannte dies frühzeitig – und nützte es
aus. Stetig überschritt er Grenzen, die ihm die Uno gesetzt
hatte. Angesichts der Wehrlosigkeit der Blauhelme verlor er
wohl jeden Respekt.

»Reservat für Muslime«

Der bosnische Außenminister, Haris Silajdzic, kündigte deshalb an, »über den Sinn eines weiteren Verbleibs der Blauhelme in Bosnien« nachzudenken. »Wozu brauchen wir eine
derartige Schutztruppe noch?« fragte er.[44] Europa habe Srebrenica verraten, fuhr er zürnend fort. »Wer uns das Recht
auf Selbstbestimmung abspricht und das Waffenembargo
gutheißt, der macht sich zum Komplizen des Völkermords.«
Silajdzic unterstellte Uno und Nato sogar »ein Zusammen-
spiel zwischen den Vereinten Nationen und dem serbischen
Faschismus«.[45] Mit brennenden Häusern signalisierte Karadzic, daß es eine Rückkehr für die Muslime nicht geben wird,
und dennoch schreckte das paralysierte Europa nicht aus der
Tatenlosigkeit auf. Ebensowenig nach neuerlichen Flücht-
lings-Berichten von Massenhinrichtungen, Verschleppungen
und Vergewaltigungen. In der Tat scheint es mittlerweile so,
als wäre die Welt froh, wenn sich alle Beteiligten möglichst
rasch mit der Situation arrangieren würden. Dann wäre endlich das erreicht, was Karadzic' General, Ratko Mladic,
zynisch zu Srebrenica einfiel: Es herrsche dort nun »endlich
Frieden«.

Ein Ende mit Schrecken scheint die ratlose internationale
Gemeinschaft derzeit einem Schrecken ohne Ende vorzuzie-
hen. Karadzic wird diese Signale sicher mit großer Genug-
tuung registrieren.

Silajdzic jedoch will ihm diesen Gefallen offenbar nicht
tun. Er lehnt es ab, die bosnischen Muslime in einem »Reser-

vat« um Tuzla einzupferchen, wie es Karadzic in zynischer
Großzügigkeit angeboten hat. »Wir gehen nicht in den
Zoo.«[46] Silajdzic ruft nach Waffen, die internationalen Soldaten wünscht er offenbar zum Teufel. Sarajevo, so scheint es,
würde Silajdzic am liebsten auf eigene Faust gegen Karadzic
verteidigen. Und in den eroberten Städten Ostbosniens, so
der Muslimführer, könne sich Karadzic auf einen Partisanenkampf gefaßt machen.

10. In Treue fest:
Karadzic und die Kirche

Radovan Karadzic sei ein »hervorragender Sohn unseres Herrn Jesus Christus und des orthodoxen Bekenntnisses«, meinte der »Souveräne Griechische Orden des Heiligen Dionysius von Zante«. Für seine »Verdienste und humanitären Leistungen« wurde er deshalb im Sommer 1993 auch zum Ritter geschlagen. Dies sei eine »moralische, sichtbare Belohnung für Tugenden, die seit alters respektiert und bewundert« würden.

Auch die Serbische Orthodoxe Kirche war von Anfang an dabei, als es darum ging, die Interessen der Serben zu verteidigen. Bischof Atanasius von Trebinje wird nachgesagt, er habe ein Selbstverständnis wie die früheren Popen, die gegen die »Türken« kämpften – in der einen Hand trage er das Kreuz, in der anderen das Schwert. Er ist einer von denen, die von Front zu Front ziehen und serbische Krieger und Waffen segnen.

Der Metropolit Anphilocheus von Cetinje sieht das Heil für die ganze Welt in der serbischen Orthodoxie. Er kann sich angeblich vorstellen, nicht nur geistliches, sondern auch weltliches Oberhaupt eines vereinigten Großserbien zu sein. In einem Brief an das russische Volk wünschten die beiden Gottesmänner russische Flugzeuge am serbischen Himmel herbei, statt jener der Nato. Ihr Ziel: Die Einheit aller »ostchristlichen Völker«. Im *Rheinischen Merkur* stand zu lesen: »Ihr politischer Einfluß ist nicht gering.«[1]

Orthodox, pravoslavni, heißt rechtgläubig. Der Orthodoxen Kirche gehören weltweit etwa 200 Millionen Menschen an. Sie versteht sich als wahre Nachfolgerin der Urkirche und erkennt nur die ersten sieben Konzile an. (Konzile sind Zusammentreffen von kirchlichen Würdenträgern zur Beratung von dogmatischen und kirchenrechtlichen Angelegenheiten.) Das siebte Konzil fand im Jahr 787 statt. Die katholische Kirche, so behaupteten die Orthodoxen, habe sich seitdem von der Tradition der Urkirche entfernt. So entstand die Trennung zwischen Ost- und Westkirche.

Mehr noch als die orthodoxen Kirchen in Rußland, Bulgarien und Griechenland versteht sich die Serbische Orthodoxe Kirche als nationale Institution. Ihren politischen Einfluß setzt sie derzeit für Radovan Karadzic ein. Milosevic bekam das schon im Mai 1992 zu spüren, als er der Stationierung von Uno-Soldaten in serbisch bewohnten Gebieten in Kroatien zustimmen wollte. Die Kirche rügte ihn dafür scharf. Die Serbenführer in der Krajina und in Bosnien, Milan Babic und Radovan Karadzic, erfuhren so schon frühzeitig Unterstützung von einer der wichtigsten Institutionen des Serbentums. Milosevic, so meinte *Der Spiegel* damals, stecke in einem Dilemma. Er wünsche sich zwar den Frieden, zitierte das Blatt einen jugoslawischen Beobachter, habe aber nicht mehr die Macht, ihn zu schließen.[2]

»Ans Kreuz geschlagen«

In einer Denkschrift der Orthodoxen Bischofskonferenz vom Mai 1992 werden die Serben dargestellt als wieder »ans Kreuz geschlagen«. »Den tiefsten christlichen Grundsätzen treu geblieben«, kämpfe das serbische Volk in diesem »Bürger- und Bruderkrieg« heute erneut um seine Existenz.[3] Dabei wurde nicht nur auf die serbischen Opfer im Nationalsozialismus angespielt, sondern auch auf den mythisch verklärten Held der serbischen Niederlage auf dem Kosovo Polje, dem Amselfeld. Fürst Lazar, das predigt die Kirche, habe dort den Tod freiwillig auf sich genommen, um dem serbischen Volk das Himmelreich zu erwerben. Die serbischen Leiden werden mit dem Leiden Christi verglichen: »Christus hat nur drei Stunden am Kreuz gelitten, das serbische Volk im Kosovo leidet jetzt schon 30 Jahre.«[4] 1963 nämlich war der Vielvölkerstaat Jugoslawien zur »Sozialistischen Föderativen Republik Jugoslawien« umbenannt worden, was die Rechte der nichtserbischen Völker gestärkt hatte.

Die Orthodoxe Kirche pflegt die serbischen Mythen und verleiht ihnen höhere Weihen. Einerseits kämpften die Serben heldenhaft gegen die »Türken« und deren Heiligen Krieg, andererseits gegen den neuen Kreuzzug Roms in Serbien, verbreitet die Kirche.

In der Tat töteten im faschistischen Kroatien selbst katholische Bischöfe gemeinsam mit der Ustascha massenweise Serben und betätigten sich sogar als Henker in Konzentrationslagern. Ihre Klöster dienten als Waffenlager; orthodoxe Kirchen brannte man, angefüllt mit serbischen Gefangenen, nieder. In Mostar wurden Hunderte von Serben mit Draht zusammengebunden, erschossen und in den Fluß Neretva geworfen. Wie in Vukovar, wo 180 Serben starben, bestand ihr Vergehen in dem Wörtchen »Nein«: Sie wollten nicht zum katholischen Glauben konvertieren. In Glina, Bosnien, schlachteten die Katholiken in acht Tagen Tausende von Orthodoxen in deren Kirche ab. Die Uniformen der Schlächter, so berichteten Zeugen, mußten ausgetauscht werden: Sie troffen vor Blut. Später fand man aufgespießte Kinder, deren Glieder noch vom Schmerz gekrümmt waren. Unter den Tätern befand sich auch der Prior des Franziskanerklosters in Cuntic, Hermengildo. Der orthodoxe Bischof von Banja Luka, Platow, mußte mit Hufeisen an den Füßen herumgehen, bis er ohnmächtig zusammenbrach. Als er am Boden lag, entzündeten seine Peiniger ein Feuer auf seiner Brust und stachen ihm die Augen aus, schnitten ihm die Ohren sowie die Nase ab. Schließlich tötete ihn einer der katholischen Barbaren. Der katholische Priester Bozidar Bralo pflegte mit einer Maschinenpistole durchs Land zu rennen und mit seinem Glaubensbekenntnis »Nieder mit den Serben!« im Namen des Herrn zu töten. Nach vollbrachter Tat tanzte er einen Freudentanz um seine Opfer. Beichtgespräche mit seinen mordenden Kumpanen fanden erst gar nicht mehr statt: Er erteilte sofort und unbesehen Absolution. Die Antwort des Franziskanerpaters Silvije Francovic auf die Bitte um ein Beichtgespräch ist wörtlich überliefert: »Viel zu früh noch für euch. Wenn ihr sie alle umgebracht habt, dann kommt.« Der Franziskanerpater Simic schließlich antwortete in Knin, Krajina, auf die Frage eines italienischen Kommandeurs nach den Richtlinien seiner Politik: »Alle Serben in möglichst kurzer Zeit zu töten. Das ist unser Programm.«

Papst Pius XII. segnete noch auf dem Totenbett den größten aller Balkan-Faschisten, den Ustascha-Chef Ante Pavelic. Auf seinem Schreibtisch soll ein Weidenkorb gestanden haben. Der Inhalt: 40 Pfund Augen, ein Geschenk seiner treuen Ustascha-Kämpfer. Hunderttausende Serben starben während dieses katholischen Schlachtfestes 1942 bis 1943, 300 ihrer Kirchen wurden zerstört.[5] Als die Tschetniks Boden gewannen, nahmen sie Rache für ihre Toten – mit genau denselben Mitteln.

Vukovar, Knin, Banja Luka, Glina, Mostar – die Schauplätze sind dieselben geblieben, und alte Ängste wurden wieder lebendig. Diesmal waren offenbar die serbischen Tschetniks die ersten: In Bijeljina beteten 100 Muslime in ihrer Moschee. Tschetnikführer Arkan ließ das Haus stürmen und die Betenden allesamt töten. Hunderte von Kirchen und Moscheen wurden (erneut) zerstört. Und diesmal beteiligen sich alle Kirchen am Morden. Der deutsche Kirchenkritiker Karlheinz Deschner bewertet ihre Rolle in diesem (Bürger-)Krieg als »entscheidend«. Kirche und Politik seien auf dem Balkan »untrennbar miteinander verbunden«, erläuterte schon im Januar 1993 der Belgrader Politikprofessor Milan Petrovic in einem Telefonat mit dem Verfasser. Die katholische Kirche

Ein Leben in Trümmern: Eine alte Frau vor ihrem zerstörten Haus.

sowie die islamische Religionsgemeinschaft seien »völlig engagiert in diesem Krieg«. Die meisten der serbisch-orthodoxen Priester träten ebenfalls für einen »schärferen Kurs« ein.[6] Bischof Danilo Krstic etwa verkündete: »Orthodoxe Christen haben das Recht und die Pflicht zu töten.« Sie müßten sich und ihre Familien gegen den »Kreuzzug des Papstes« und den muslimischen »Heiligen Krieg« verteidigen.[7] Und der Patriarch von Serbien, Pavle, gab die Verantwortung direkt an den Herrn weiter: »Wenn es Gottes Wille ist, einen Krieg zu führen, dann soll jeder Serbe ritterlich und heroisch kämpfen.«[8]

Liberale christliche Beobachter wie der Münsteraner Thomas Bremer meinen, ein Grundsatz der Serbischen Orthodoxen Kirche sei gewaltfreie Konfliktlösung. Auch gab es zahllose Aufrufe der Kirchen zu friedvollem Handeln, sogar gemeinsame Erklärungen von katholischen und serbisch-orthodoxen Vertretern. An der Front aber trifft man immer wieder auf serbische Geistliche. Als Karadzic Ende des Jahres 1994 bei Bihac auf das »erfolgreiche Jahr« anstoßen ließ, war auch ein Pope dabei. Er segnete die Waffen.[9] Bremer erklärt dies damit, daß die serbischen Geistlichen das serbische Volk wirklich in einem Verteidigungskrieg sähen.[10]

Der ehemalige Dekan der Wiener Fakultät für vergleichende Religionswissenschaften, Hubertus Mynarek, wollte die Treffen der Kirchenoberhäupter dagegen »nicht so ernst nehmen«. Sie würden nur dazu dienen, »vor der Weltöffentlichkeit gut Wetter zu machen«, erklärte er. Die Kirche verfolge ganz weltliche Ziele: »Die Kirche läßt sich benutzen, denn wenn der serbische Staat groß wird, dann wird auch die Kirche groß.«[11]

Karadzic: »Auch Jesus war allein«

Die Serbische Orthodoxe Kirche hat sich konsequenterweise offen auf die Seite von Karadzic geschlagen. Schon zu Beginn der Auseinandersetzungen beschwor sie die Regierung in Belgrad, angesichts der Bedrohung des serbischen Volkes nicht weich zu werden. »Wir müssen alles unternehmen, daß in diesem schicksalsträchtigen Augenblick unser Volk nicht gespalten wird«, ließ die heilige Synode verlauten. »Wir appellieren an alle Verantwortlichen, dem riesigen Druck der Mächtigen dieser Welt standzuhalten und die Staaten Bosnien und Kroatien in ihren künstlichen Grenzen nicht anzuerkennen.« Diese Position scheint die Belgrader Führung mittlerweile aufgegeben zu haben. Karadzic dagegen ist der Nutznießer der panischen Stimmung, die die Kirche mit ihrem Wort von einem bevorstehenden Vernichtungskrieg der Weltgemeinschaft gegen die Serben erzeugt. Die Serbische Orthodoxe Kirche hat von Anfang an auch die serbischen Aggressionen propagandistisch unterstützt. Sie befürwortete die militärischen Gebietseroberungen. Ihr Motto: Serbien ist überall dort, wo Serben leben. Die Grenzen der ehemaligen Republiken würden von Europa zu unrecht als Staatsgrenzen behandelt, da sie »den lebendigen Organismus des serbischen Volkes zerschneiden und seine jahrhundertealten Siedlungen, Heiligtümer, Gräber, Klöster und Kulturdenkmäler zertrennen«. Weiter drohten die Kirchenfürsten, eine ungerechte Lösung der serbischen Frage könne »die Ursache für neues Unglück und neue Gräber werden«.[12]

Wie Radovan Karadzic lehnte auch die Bischofskonferenz in Belgrad den Friedensplan der Kontaktgruppe noch am Tag seiner Verkündung ab. Die Bischöfe riefen das gesamte serbische Volk dazu auf, seine »jahrhundertealten Rechte, Freiheiten und vitalen Interessen« zu verteidigen. Sie sprachen sich gegen aufgezwungene, ungerechte Lösungen aus, die es schon unter den »gottlosen Faschisten und Kommunisten« gegeben habe, und die immer nur neue Unruhe stifteten. »Wir werden lieber aufhören zu leben, als unser Volk zu verraten.«[13]

Nach dem Bruch zwischen Belgrad und Pale schaltete sich das Oberhaupt der Kirche persönlich ein. Patriarch Pavle, sozusagen der »Papst« der serbisch-orthodoxen Kirche, meinte, das Embargo bedeute, einen »homogenen Organismus, den Körper des Volkes« in Stücke zu reißen.[14] Überließe Belgrad das serbische Volk in Bosnien »in seinem Existenzkampf« sich selbst, dann wäre es wie zur Türkenzeit »dem Untergang geweiht«.[15]

Große Worte, die sich nicht am Verhalten der serbischen Bischöfe und Priester messen lassen: Nur ein serbisch-orthodoxer Priester verblieb in Sarajevo.[16]

Karadzic dagegen scheint sich in seiner göttlichen Rolle

wohlzufühlen. Trotzig ob der geballten Gegnerschaft der ganzen Welt hörte man ihn sagen: »Auch Jesus war allein. Aber er hatte recht.«[17]

Karadzic weiß, was er an der Kirche hat. Gern zeigt er sich im serbischen Fernsehen als gläubiger Mensch. Das kommt gut an bei serbischen Bauern. Den westlichen Medien gab es eher Anlaß zu Spott. Über seine guten Beziehungen zu den orthodoxen Christen schrieb die *Berliner Zeitung*: »Besonders abstoßend wirkt der Mann, wenn er betet. (...) Dann steht er da, als müßte er ein gewisses Geschäft verrichten.«[18]

11. Einheit oder Tod:
Zum Siegen verdammt

Radovan Karadzic ist ein selbstloser Mensch. Alles, was er tut, tut er für sein serbisches Volk. Als Kämpfer gegen die Monster auf der anderen Seite verteidigt er genaugenommen quasi die ganze Menschheit, deren Würde und Zivilisation. Solche »Vorkämpfer« stehen ja oft allein.

Nur aus der Serbischen Orthodoxen Kirche halten noch einige gute Freunde zu Karadzic; in Treue fest verbunden ist ihm außerdem der russische Rechtsextremist Wladimir Schirinowski. In der Grenzstadt Bijeljina, die er auf Einladung Karadzic' besuchte, hatte Schirinowski schon 1993 seinen Schwur geleistet: »Wenn jemand eingreift, werden wir die Attacke unverzüglich zurückschlagen.«[1] Aber auch Schirinowskis »Vorgesetzter« in Moskau ist mittlerweile ins andere Lager gewechselt.

Nach eigener Empfindung trägt Karadzic ein hartes Los. Er glaubt sich und sein Volk von der ganzen Welt zu unrecht verfolgt, das vermag seine gespielte Gleichgültigkeit kaum zu verbergen. Haben nicht die anderen die Kriegsverbrechen begangen? Haben nicht die Kroaten seine serbischen Brüder aus ihren Häusern vertrieben? Sind nicht, wie damals, wieder die schwarz gewandeten Ustascha-Banden über die Dörfer gezogen, um das zu vollenden, was ihnen vor 1945 nicht gelungen war? Und warum ließ es sich die Weltgemeinschaft gefallen, daß Izetbegovic den ersten, von Cutilheiro vermittelten Friedensplan, den er zweimal mitunterzeichnet hatte, nachträglich widerrief? Der Frieden wäre geschlossen gewesen, und die serbischen, kroatischen und muslimischen Menschen hätten in ihrer jeweils eigenen Republik ihren

Geschäften nachgehen können. Stattdessen starben sie nun unter Waffen. Warum beschützte die Uno ausgerechnet die Muslime in ihren bosnischen Städten, nicht aber die Serben in den kroatischen? Warum will Europa einfach nicht begreifen, daß muslimische Fundamentalisten mitten in Europa an Einfluß gewinnen, so wie überall auf der Welt? Und warum schaute die Uno zu, als die Muslime in den Schutzzonen unter den Augen der Blauhelme Waffen ansammelten? Aus seiner Sicht konnte Karadzic gar nicht anders, als den Befehl zur Aushebung dieser Mörderbanden zu geben. Er selbst hat jedenfalls keinen »Türken« hingerichtet, keine Muslim-Frau vergewaltigt, keinen Menschen aus seinem Haus vertrieben – und er kann es sich nach seinen eigenen Angaben auch wirklich nicht vorstellen, daß ein serbischer Soldat je so etwas tun würde.

Karadzic' Koordinatensystem von Gut und Böse ist verschoben. Für ihn sind die Serben die Sehenden, die Erretter der Welt vor dem islamischen Fundamentalismus. Und an der Spitze steht er, Radovan Karadzic, ein heldenhafter Märtyrer im Kampf gegen alle Völker dieser Erde. Auch Gavrilo Princip, seinem Vorbild, wurden Denkmäler gesetzt, Straßen wurden nach ihm benannt. Karadzic weiß, daß er noch nach seinem Tod weiterleben wird in der serbischen Volksseele. Er ist ein guter Sohn seines geschlagenen Volkes. Einer muß das Kreuz schließlich tragen, und wer könnte es besser als er.

Das Ziel Karadzic' ist klar formuliert: Serbisch-Bosnien soll Teil von Serbien werden. Ein Volk, ein Staat. Und er der Führer? »Eine regionale Oberhoheit brauchen wir nicht«[2], deklarierte er. »Nachdem wir unsere Arbeit getan haben, wird das serbische Volk keinen Führer mehr brauchen, sondern Politiker, die öfter ausgetauscht werden. Wir müssen uns an die Demokratie gewöhnen.«[3] Da sind Zweifel erlaubt, zu offenkundig genießt Karadzic die ihm zugefallene Macht. Wenn er in Genf mit den prominenten Politikern der Welt verhandelt, wenn Journalisten aus aller Welt seinen Worten andächtig lauschen, wenn Nato-Flugzeuge es nicht wagen, seine Stellungen zu bombardieren, wenn sich der ehemalige US-Präsident persönlich in seine kleine provisorische Hauptstadt in den Bergen bemüht – dann spürt Radovan Karadzic die Macht. Dann weiß er, daß er etwas Einzigartiges gewagt und erreicht hat. So wie der Junge aus den montenegrinischen Bergen einst gelernt hatte, sich in der feindlichen Umgebung der Großstadt Sarajevo zurechtzufinden, so hat er es auch schnell verstanden, sich unter den Mächtigen der Welt einen Platz zu verschaffen. Was für ein Platz das ist, dazu gibt es eben verschiedene Interpretationen.

»Totale Niederlage der Moslems«

Will Karadzic alle Serben in einen Staat zwingen? Zwingen, nein. Einen Serben zwingt man nicht. Bevor er mit Waffengewalt daran ging, die Menschen in ihre vorgesehene neue Heimat zu verlagern, definierte Karadzic noch das Selbstbestimmungsrecht eines jeden einzelnen: »Zenica etwa ist ein moslemisches Gebiet«, erläuterte der Völkerverschieber, »und dort können die Serben selbst entscheiden, ob sie im moslemischen Teil bleiben oder auf serbisches Gebiet überwechseln wollen.« Jetzt sei Krieg, aber »wenn Menschen ihr Recht auf Selbstbestimmung ausüben können, funktioniert das. Und dieses Recht auf Selbstbestimmung wurde Slowenen, Kroaten, Mazedoniern und Moslems gegeben; Serben sollten dasselbe Recht haben.«[4]

Die Muslime aus Srebrenica und Zepa werden kaum mehr die Gelegenheit haben, sich für ihre ehemaligen Heimatorte zu entscheiden: Als deutliches Zeichen dafür, daß für sie kein Platz mehr ist, haben die Soldaten Karadzic' deren Häuser verbrannt. Und welches vergewaltigte Mädchen wird – gesetzt, sie hat die Tortur überhaupt überlebt – zu ihren Peinigern zurückkehren wollen?

Karadzic ging im Juli 1995 daran, den (Bürger-)Krieg endgültig zu beenden, siegreich und nach seinen Zielen. Es scheint ihm zu gelingen. Wann aber wird es soweit sein, daß Karadzic das Schicksal seines Landes in die Hände eines anderen, nein: mehrerer anderer legt? Und wie wird sich Bosnien-Herzegowina verändert haben, wenn Karadzic das Szepter weiterreicht? Wann wäre ein Friede für den Serbenführer akzeptabel? »Die bosnischen Serben werden nur einen eigenen Staat akzeptieren, nicht weniger. Unsere Serbische Republik muß also ein souveräner, unabhängiger Staat sein.« Damit auch die internationale Gemeinschaft ihr Gesicht wahren könne, sei er bereit, »die Möglichkeit eines Zusammenschlusses mit anderen zu einer Union zu erwägen, einer Union europäischen Typs, einer Union souveräner Staaten«.[5] Denkbar wäre, daß Karadzic einen Teil seiner eroberten Gebiete eintauscht für eine Sanktionierung seiner wichtigsten Eroberungen – immerhin erstreckt sich sein Gebiet mittlerweile über fast drei Viertel des Territoriums von Bosnien-Herzegowina. Die Muslime müßten sich dann mit einem Ministaat zufrieden geben.

Schon im April 1995, als der von allen Seiten mehrfach gebrochene viermonatige Waffenstillstand abgelaufen war und alle aufgerüstet hatten, hatte Karadzic kategorisch erklärt: Wenn der Waffenstillstand noch einmal gebrochen werde, werde er sich auf keinerlei derartige Vereinbarungen mehr einlassen, sondern den Krieg beenden. »Das wäre dann die totale Niederlage der Moslems«, hatte er hinzugefügt. In diesem Falle werde es auch keine Rückgabe »gewisser von uns gehaltener Gebiete« geben. »Dann werden die Soldaten entscheiden, wie die Grenzen verlaufen.«[6] Wenige Wochen später ließ er seine Kämpfer in Ostbosnien die Grenzen nach Westen verschieben.

An anderer Stelle schloß er etwa zur gleichen Zeit eine Union der Völker Bosnien-Herzegowinas aus: »Kroatiens Präsident Franjo Tudjman will ein Großkroatien, Izetbegovic einen moslemischen Staat. Darauf weiß ich nur eine Antwort: Wir Serben müssen uns so schnell wie möglich in einem Staat vereinigen. Die Führung in Belgrad muß und wird sich mit uns in Pale versöhnen.«[7]

Die Aufgabe, das Land zu teilen und die Bevölkerung zu verschieben, hat Karadzic offenbar nun selbst in die Hand genommen. Doch seine Überzeugung, die bosnische Bevölkerung könne nach ethnischen Kriterien geteilt werden, ist Illusion. Die beiden Biologen Stjepko Golubic und Susan Campbell haben eine Karte erstellt, hervorgegangen aus der Bevölkerungsverteilung in 100 Wahlbezirken der Wahlen von 1991. In allen Bezirken lebten alle drei Volksgruppen (neben anderen Minderheiten), bei einer Aufteilung würden in jedem der Bezirke starke Minderheiten bleiben.[8] Außer natürlich, man verfährt nach der bewährten Karadzic-Methode: »Säuberung«. In der Krajina etwa leben heute zu 91 Prozent Serben, vor Beginn des Bürgerkrieges hingegen waren noch etwa die Hälfte der Einwohner Nichtserben gewesen. Als Karadzic im Juli 1995 zum Endkampf gegen die ostbosnischen Moslem-Enklaven blies, brachte man die dortige muslimische Bevölkerung nach Westen, in die immer mehr zusammenschrumpfenden Gebiete der muslimisch-kroatischen Föderation. Eine Gebietsaufteilung nach ethnischen Kriterien würde beim heutigen Stand diese »Säuberungen« nachträglich sanktionieren. Soll und muß die Welt den realen Gegebenheiten diesen Tribut zollen?

Eine Aufteilung des Territoriums, mit dem alle drei Seiten leben könnten, scheint undenkbar. Im Gegenteil: Jeder weitere Vorschlag einer Aufteilung durch internationale Gremien dient zur Legitimation dafür, schon einmal Vertriebene erneut zu vertreiben, Flüchtlinge erneut zur Flucht zu zwingen. Yassir Arafat und Jitzhak Rabin haben dem Feilschen um Quadratkilometer im Nahen Osten ein Ende gemacht, sie haben sich der »tödlichen Genauigkeit der Landkarte«[9] verweigert. In Jerusalem und Jericho wird jetzt über Zeitpläne und Sachfragen gesprochen. Mitten in Europa dagegen treibt noch immer ein geradezu kindlicher Ordnungssinn alle Beteiligten zu immer neuem Streit. Dabei ist die bosnische Gesellschaft einfach nicht wie ein »Lego«-Modell in seine Bestandteile zu trennen. Selbst bei einer massenhaften Umsiedlung ließen sich keine »ethnisch reinen« Gebiete schaffen.

Und selbst wenn es möglich wäre – was wäre gewonnen mit den vielen kleinen Einzelteilchen? Die Bewohner der meisten bosnischen Regionen sind zur Koexistenz verdammt, und bis 1990 lebten sie damit besser als heute. Nordirland wäre die Alternative. Kann man auf Einsicht bei den nationalistischen Führern hoffen? Oder bei den Entscheidungsträgern der vermittelnden Staaten, die ihre eigenen Interessen nie ganz vergaßen? Ein Stellungskrieg jedenfalls mit kleinen oder größeren Geländegewinnen hier und Verlusten da, nutzt einer hin- und hergehetzten Zivilbevölkerung nichts. Wie auch immer die Landkarte am Ende des Krieges aussehen wird, ein Ende der Kämpfe wird es nicht geben. So wie die 50 Jahre alte Saat 1991 aufgegangen ist, so wird auch die nun gestreute wieder neue Blüten treiben.

Was aber bringt die Zukunft für Radovan Karadzic, was wird das Ende des Krieges für ihn bedeuten? Das mag sich der Homunkulus aus dem nazi-serbischen Reagenzglas manchmal selbst fragen. Eine Beendigung des Krieges würde Karadzic' Bewegungsspielraum erheblich einschränken. In Sarajevo, das gelobten viele der »Sarajlij« schon 1992, bräuchte er sich nicht sehen zu lassen: Er würde sofort gelyncht. Er, der Sarajevo anhaltend beschießen läßt, um die Saat des Hasses unter den »Sarajlij« zu pflanzen, gilt den Bewohnern als »Staatsfeind Nummer eins« – darunter auch vielen Serben.[10] Und international ist er isoliert. Seit dem 25. Juni 1995 ist Karadzic offiziell vom Den Haager Tribunal wegen Kriegsverbrechen angeklagt und wird per Haftbefehl gesucht. Die meisten Länder dieser Erde würden ihn auslie-

Endloser Strom: Abertausende von Flüchtlingen verlassen im Juli 1995 Srebrenica.

fern, überträte er ihre Grenzen als Zivilist. Die US-Regierung forderte mit stetig wachsendem Nachdruck »aggressive Luftangriffe« gegen die serbische Artillerie, ohne dafür vorher bei der Uno »betteln« zu müssen. Außerdem hat auch der Senat der Vereinigten Staaten beschlossen, das Waffenembargo offiziell aufzuheben, um somit den Muslimen besseres Material zukommen zu lassen. In der Türkei sollen Transportflugzeuge schon beladen bereit stehen.[11] Den Krieg beenden wird das alles nicht. Für Karadzic könnten vermehrte Waffenlieferungen an die Muslime bedeuten, daß der Widerstand gegen ihn und seine Landnahmen von muslimischer Seite erneut anwachsen wird. Sollte sich die Uno aus Bosnien zurückziehen – für den Fall von Waffenlieferungen an die Muslime haben dies nicht nur die Franzosen angekündigt – sähe sich Karadzic möglicherweise Angriffen von allen Seiten ausgesetzt. Im Sommer 1995 mehrten sich die Zeichen für ein Eingreifen Zagrebs in den Krieg. Die Uno dagegen schien sich auf einen Rückzug vorzubereiten. Der erste, der kapitulierte, war der UN-Sonderbeauftragte für Menschenrechte, Tadeusz Mazowiecki. Nach dem Überfall der bosnischen Serben auf Srebrenica und Zepa legte er mit folgender Begründung sein Amt nieder: »Ich kann nicht fortfahren, den Schutz der Menschenrechte vorzutäuschen. Das ist auch meine Niederlage.«[12]

Selbst US-Soldaten wären bei einem Uno-Rückzug unter Umständen direkt und am Boden in unkontrollierbare Auseinandersetzungen involviert. (Für den Fall eines Rückzugs aus Bosnien hatte Bill Clinton versprochen, zur Sicherung der UN-Soldaten 25.000 Mann bereitzustellen.) Die sogenannte Schnelle Eingreiftruppe der Uno würde mit ihrem ersten Schuß ebenfalls zur Kriegspartei, die Auseinandersetzung zu einem internationalen Konflikt. Den will niemand im Westen. »Bosnien ist nicht Kuwait«, kommentierte Michael Thumann in der Zeit. »Für Rohöl kämpfen sie, nicht für Cevapcici«.[13]

Karadzic hat deshalb und offenbar unbeeindruckt vom westlichen Säbelrasseln beschlossen, den Krieg nach seiner Vorstellung zu einem Ende zu bringen. Mit wachsender Eile setzte er seine Terrorangriffe gegen die Zivilbevölkerung fort. Er will und braucht den Sieg jetzt – und zwar in möglichst kurzer Zeit. Srebrenica und Zepa waren kaum gefallen, die letzten Zivilisten noch nicht deportiert, die internationale Empörung noch nicht verstummt, da richtete Karadzic sein Begehren auf die nordwestbosnische Enklave Bihac. Die Kroaten sahen sich deshalb dazu veranlaßt, auch wieder in diesen Krieg einzutreten. Sie eröffneten eine Front im Südwesten, in der Region von Bosansko Grahovo und Glamoc, 50 Kilometer südlich von Bihac. Im Juli 1995, nach der Unterzeichnung eines Militärabkommens zwischen Sarajevo und Zagreb, wurden an der kroatischen Grenze Truppenkonzentrationen festgestellt. Wie in Ostslawonien, so die Gerüchte, solle in einer neuerlichen Blitzaktion gegen die Serben Bihac eingenommen werden. [14]

Eine Niederlage kann sich Karadzic nicht leisten, nicht zuletzt, um vor den Richtern des Den Haager Tribunals sicher zu sein. Zwar mag er über die Anklage des obersten »Staatsanwaltes« der Uno, Richard Goldstone, wissend gelächelt haben, denn für Karadzic' Unterschrift unter einen Friedensvertrag wird er diese wohl wieder fallen lassen müssen. Noch sicherer aber wäre Karadzic, wenn er diesen Friedensvertrag als Sieger unterzeichnen könnte. Denn dem Sieger, so mag er spekulieren, verzeiht man fast alles, irgendwann. Also schafft Karadzic Fakten. Mit der Einnahme der drei muslimisch bewohnten Schutzzonen in Ostbosnien und der Abschiebung der Bevölkerung in die kroatisch-muslimische Föderation wären solche Tatsachen geschaffen, das bosnisch-serbische Gebiet geschlossen und ohne Städte, die potentiellem muslimischem Widerstand nach einem Friedensschluß Unterschlupf bieten könnten. Karadzic' Versprechen, nach einer Vereinigung der serbischen Gebiete als Politiker zurückzutreten, ist nicht sehr ernst zu nehmen. Er wird auch nach einer Beendigung des Mordens auf dem Balkan weiter an europäischen Verhandlungstischen sitzen. Vorerst aber gilt für ihn eines: Er ist zum Siegen verdammt.[15]

Anmerkungen

1. Der neue Gavrilo Princip?

[1] Bild am Sonntag, 18.4.1993
[2] Die Welt, 16.11.1992
[3] Der Spiegel, 23/1995
[4] Engel, Thomas: Die Entscheidung muß fallen. Entweder durch Vernunft oder Bomben, in: Bayernkurier, 14.8.1993
[5] Zumach, Andreas: Ein weiteres »Ultimatum« ohne Folgen, in: die tageszeitung, 6.7.1994
[6] Ströhm, Carl Gustav: »Wer sich nicht taufen lassen will, muß sterben«, in: Rheinischer Merkur, 13.8.1993
[7] Opitz, Dieter J.: Exekutoren des großserbischen Raums, in: Berliner Morgenpost, 1.6.1995

2. Karadzic privat: Bauernschlauer Nervenarzt

[1] Vesovic, Marko: Missionar des Hasses, in: Die Woche, 2.6.1995
[2] Rybak, Andrzej: Dr. Seltsams irre Therapie, in: Die Woche, 3.6.1993
[3] Vesovic, Marko: Missionar des Hasses, in: Die Woche, 2.6.1995
[4] Ebenda
[5] Thumann, Michael: Der Lügner mit dem sanften Blick, in: Die Zeit, 29.1.1993
[6] Vesovic, Marko: Missionar des Hasses, in: Die Woche, 2.6.1995
[7] Bild am Sonntag, 18.4.1993 – Der österreichische Schriftsteller Milo Dor gab eine andere Übersetzung zum Besten: »Endgültig verloren bin ich für alle Wohltäter. Ich glimme wie eine Zigarette auf neurotischer Lippe: während man mich überall sucht, warte ich im Hinterhalt des Morgens auf die große Chance.« in: Die Welt, 23.8.1994
[8] Colovic, Ivan: Die Mythen des Krieges, in: die tageszeitung, 16.12.1993
[9] Flottau, Heiko: Bosnien zwischen Aufteilung und Abschottung, in: Süddeutsche Zeitung, 19.5.1993

3. Auf der Straße der Hunde: Karadzic' Griff zum Messer

[1] Libal, Wolfgang: Das Messer ist unser Zeichen, in: Die Zeit, 19.2.1993
[2] Ebenda
[3] Thumann, Michael: Der Lügner mit dem sanften Blick, in: Die Zeit, 29.1.1993
[4] Thumann, Michael: Kampf um das Gemüt der Serben, in: Die Zeit, 18.11.1994
[5] Vesovic, Marko: Missionar des Hasses, in: Die Woche, 2.6.1995
[6] Künzli, Arnold: Am Anfang dieses Krieges steht der Verrat der Intellektuellen, in: Frankfurter Rundschau, 8.6.1995
[7] Heuberger, Valeria: Bosnien-Herzegowina und der Zerfall Jugoslawiens, in: Österreichische Hefte, 2/1994, S. 275
[8] Agence France Presse, abgedruckt in: Süddeutsche Zeitung, 20.1.1993
[9] Sklave seiner Schüler, in: Der Spiegel, 5/1992

[10] Binder, David: Wie es in Bosnien zur Tragödie kam, in: Die Weltwoche, 9.9.1993

[11] Ebenda

[12] Ebenda

[13] Abspaltung der Serben von Bosnien-Herzegowina, in: Neue Zürcher Zeitung, 29.3.1992

[14] Buchalla, Carl E.: Radovan Karadzic, in: Süddeutsche Zeitung, 22.6.1992

[15] Heuberger, Valeria: Bosnien-Herzegowina und der Zerfall Jugoslawiens, in: Österreichische Hefte, 2/1994, S. 273f.

[16] Konflikt in Bosnien spitzt sich zu, in: Süddeutsche Zeitung, 11.1.1992

[17] »Einfach erschöpft«, in: Der Spiegel, 3/1992

[18] Viktor Meier: Auch in Bosnien-Herzegowina machen die Serben mobil gegen die Unabhängigkeit, in: Frankfurter Allgemeine Zeitung, 3.3.1992

[19] Ein Kriegsherr unter Feuer, in: Der Spiegel, 11/1992

[20] Ströhm, Carl Gustaf: Ende in Sarajevo, in: Rheinischer Merkur, 6.3.1992

[21] Glenny, Misha: Jugoslawien. Der Krieg, der nach Europa kam, München 1993

[22] Ströhm, Carl Gustaf: Kroaten, Serben, Moslems und die »Schuld« der Deutschen, in: Die Welt, 24.6.1993

[23] Liljana Karadzic ist Rotkreuz-Chefin, in: Süddeutsche Zeitung, 30.8.1994

[24] Küppers, Bernhard: Kreuz der Wohltäter, in: Süddeutsche Zeitung, 16.6.1995

[25] Serbien zur Rechenschaft ziehen, in: Neue Zürcher Zeitung, 2.6.1992

[26] »Serbien in die Knie zwingen«, in: Der Spiegel, 23/1992

[27] »Wir meinen es ernst«, in: Der Spiegel, 28/1992

[28] Rathfelder, Erich: Serbien: der Paria im Herzen Europas, in: die tageszeitung, 1.6.1992

[29] »Wir werden Serbien total isolieren«, in: Der Spiegel, 3/1993

[30] Thumann, Michael: Warten auf Karadzic, in: Die Zeit, 15.1.1993

[31] Die bosnischen Serben lenken ein, in: die tageszeitung, 21.1.1993

[32] UNO-Schutztruppe will Srebrenica verteidigen, in: Süddeutsche Zeitung, 22.4.1993

[33] Owen, David: Karadzic führt Serbien in die Tragödie, in: Die Welt, 26.4.1993

[34] Rybak, Andrzej: Dr. Seltsams irre Therapie, in: Die Woche, 3.6.1993

[35] Vesovic, Marko: Missionar des Hasses, in: Die Woche, 2.6.1995

[36] Ustinov, Peter: Doppelzüngigkeit, in: Die Welt, 9.6.1994

[37] Das Parlament der bosnischen Serben, in: Der Tagesspiegel, 6.5.1993

[38] »Stärker als die ganze Welt«, in: Der Spiegel, 19/1993

[39] Thumann, Michael: Der Wolf muß Kreide fressen, in: Die Zeit, 14.5.1993

[40] Ebenda

[41] Libal, Wolfgang: Terror ganz nach Plan, in: Die Weltwoche, 29.9.1994

[42] Zitiert in: Libal, Wolfgang, ebenda

[43] Zitiert in: Binder, David: »In Mladic schläft noch der Drache«, in: Die Weltwoche, 15.9.1994

[44] Ebenda

[45] Zitiert in: »Serbien ist Gottes Werk«, in: Der Spiegel, 23/1995

[46] Neun Verfassungsprinzipien, in: Frankfurter Rundschau, 26.6.1993

[47] Simonitsch, Pierre: Eroberungen akzeptiert, in: Frankfurter Rundschau, 18.6.1993

[48] Weiter schlachten, in: Der Spiegel, 47/1993

[49] Das Massaker von Sarajevo, in: Frankfurter Allgemeine Zeitung, 7.2.1994

[50] Blutbad auf einem Marktplatz in Sarajevo, in: Neue Zürcher Zeitung, 8.2.1994

[51] Wann, wenn nicht jetzt?, in: Frankfurter Allgemeine Zeitung, 7.2.1994

[52] Heath, Edward: Air strikes would mean war, in: The European Times, 8.2.1994

[53] Glotz, Peter: Wer kämpfen will, soll vortreten, in: Die Zeit, 15.1.1993

[54] Jede Seite konnte die Granate abfeuern, in: Süddeutsche Zeitung, 17.2.1994 – Was Tilman Fichter, Referent für Schulung und Bildung im Parteivorstand der SPD und Autor des Buches »Die SPD und die Nation«, nicht davon abhielt, weiter von den bosnischen Serben als den Tätern des »6. Februar« zu schreiben. Vgl. Fichter, Tilman: Die Gewalt entwaffnen, in: Die Welt, 26.2.1994

[55] Irrsinn ohne Ende, in: Der Spiegel, 31/1992

[56] Im Zwielicht, in: Der Spiegel, 38/1992

[57] Flottau, Heiko: Eine Chance für die Schwerverwundete, in: Süddeutsche Zeitung, 19.2.1994

[58] Bosnische Serben vor Großoffensive, in: die tageszeitung, 1.2.1994

[59] Gersuny, Karl: Bosnien vor der Frühjahrsoffensive, in: die tageszeitung, 2.2.1994

[60] UN demands that Croat troops end Bosnia offensive, in: The European Times, 9.12.1994

[61] Karadzic beharrt auf eigenem Staat, in: Neue Zürcher Zeitung, 26.3.1994

[62] Hinhaltetaktik der bosnischen Serben, in: Neue Zürcher Zeitung, 21.7.1994

[63] Thumann, Michael: Abgeschmacktes Drehbuch, in: Die Zeit, 22.7.1994

[64] Bosniens Serben wollen Referendum über Friedensplan. Karadzic stimmt die Bevölkerung auf langen Krieg ein, in: Süddeutsche Zeitung, 4.8.1994

[65] Serben spielen auf Zeit, in: Focus, 30/1994

[66] Ebenda

[67] Belgrads Position im Bosnienkonflikt, in: Neue Zürcher Zeitung, 25.8.1994

[68] Karadzic deutet Einlenken an, in: Süddeutsche Zeitung, 1.10.1994

[69] Rybak, Andrzej: Dr. Seltsams irre Therapie, in: Die Woche, 3.6.1993

[70] »Serbien ist Gottes Werk«, in: Der Spiegel, 23/1995

[71] Ebenda

[72] Libal, Wolfgang: Terror ganz nach Plan, in: Die Weltwoche, 29.9.1994

[73] Bihac im Würgegriff der Serben, in: Neue Zürcher Zeitung, 29.11.1994

[74] Kopfgeld ausgesetzt, in: Der Spiegel, 1/1995

[75] Serbenführer Karadzic ordnet Generalmobilmachung an, in: Süddeutsche Zeitung, 28.3.1995

[76] Karadzic ruft zum »Kampf bis zum Endsieg« auf. UNO-Vollversammlung: Waffen-Embargo aufheben, in: Süddeutsche Zeitung, 5.11.1994

[77] Frankreich droht mit Abzug seiner Blauhelm-Soldaten. Serben wegen militärischer Rückschläge zerstritten, in: Süddeutsche Zeitung, 18.4.1995

[78] »Serbien ist Gottes Werk«, in: Der Spiegel, 23/1995

[79] Rybak, Andrzej: Dr. Seltsams irre Therapie, in: Die Woche, 3.6.1993

4. Angeklagter Karadzic: Die Verbrechen der »wilden Männer«

[1] Zülch, Tilman (Hrsg.): Ethnische Säuberung – Völkermord für »Großserbien«, Hamburg/Zürich 1993

[2] Wer könnte angeklagt werden?, in: Frankfurter Allgemeine Zeitung, 24.2.1993

[3] Die Existenz serbischer Lager in Bosnien war seit Juni bekannt, in: Frankfurter Allgemeine Zeitung, 25.8.1992

[4] Die Mission von Owen und Vance in Pristina gescheitert, in: Frankfurter Allgemeine Zeitung, 30.10.1992

[5] Pressemitteilung der Gesellschaft für bedrohte Völker, 8.11.1994

[6] »Du bist blind geworden vor Macht«, in: Der Spiegel, 24/1992

[7] »Jeder haßt hier jeden«, in: Der Spiegel, 4/1993

[8] Burns, John F.: Was »ethnische Säuberung« in Wirklichkeit bedeutet, in: Die Weltwoche, 3.12.1992

[9] Zwei Serben zum Tode verurteilt, in: Süddeutsche Zeitung, 31.3.1993

[10] Land für Frieden, in: Der Spiegel, 48/1993

[11] Massaker der Kroaten an Serben, in: Süddeutsche Zeitung, 8.10.1993

[12] Schneider, Jens: Vor dem Kalten Krieg in Bosnien, in: Süddeutsche Zeitung, 29.3.1994

[13] Untersuchung des Massakers von Stupni Do, in: Neue Zürcher Zeitung, 30.10.1993

[14] Rathfelder, Erich: Beschuldigung gegen Beschuldigung, in: die tageszeitung, 9.10.1993

[15] Greueltaten in Gefängnissen, in: Frankfurter Rundschau, 8.9.1993

[16] Die Stadt Vares von den Kroaten geräumt, in: Neue Zürcher Zeitung, 5.11.1993

[17] Thumann, Michael: Er setzt auf Gewehre, nicht auf Genf, in: Die Zeit, 28.1.1994

[18] Staatenwelt toleriert Greuel, in: Süddeutsche Zeitung, 23.2.1994

[19] Vertreibungen in Bosnien laut einem Bericht der Uno systematisch und geplant, in: Neue Zürcher Zeitung, 4.6.1994

[20] Krajina-Serbe wegen Kriegsverbrechen verurteilt, in: Süddeutsche Zeitung, 21.1.1995

[21] Acht Jahre Haft für bosnischen Kriegsverbrecher, in: Süddeutsche Zeitung, 24.11.1994

[22] Auftakt zum Haager Kriegsverbrecherprozeß, in: Neue Zürcher Zeitung, 27.4.1995 – Die FAZ hatte kurz zuvor noch von 32 Morden und 61 Fällen von gequälten Gefangenen gesprochen, in: Tadic-Prozeß abgesetzt, in: Frankfurter Allgemeine Zeitung, 8.4.1995

[23] Klage des Haager Tribunals für Kriegsverbrechen gegen 21 Serben, in: Neue Zürcher Zeitung, 15.2.1995

[24] UNO-Tribunal ermittelt gegen Karadzic und Mladic, in: Süddeutsche Zeitung, 25.4.1995

[25] Mazowiecki nennt Vertreibungen fast abgeschlossen, in: Frankfurter Rundschau, 26.4.1995

[26] Dederichs, Mario R.: Das dreckige Dutzend, in: stern, 8.6.1995

[27] Ebenda

[28] »Als Privatmann könnte man ihn in der Schweiz verhaften«, in: Die Weltwoche, 5.8.1993

5. Feindbild Ustascha: »Bosnien gehört den Serben«

[1] Flottau, Heiko: Bosnien zwischen Aufteilung und Abschottung, in: Süddeutsche Zeitung, 19.5.1993

[2] Ströhm, Carl Gustaf: Pulverdampf in Zagreb – bisher zu friedlichen Zwecken, in: Die Welt, 18.10.1990 – Vom drohenden Bürgerkrieg spachen auch

der Rheinische Merkur (Ivanji, Ivan: Finstere Pläne in der Wohnküche, 8.2.1991): »In Jugoslawien steht der Bürgerkrieg vor der Tür«, die FAZ (Meier, Viktor: Früher wanderten wir aus, nun bleiben wir hier und kämpfen, 27.5.1991) und die Süddeutsche Zeitung (Buchalla, Carl E.: Belgrad befürchtet Bürgerkrieg in Kroatien, 13.7.1991)

[3] Thumann, Michael: Der Lügner mit dem sanften Blick, in: Die Zeit, 29.1.1993

[4] Schleicher, Harry: Mit verdeckter Kamera gegen den Minister, in: Frankfurter Rundschau, 7.2.1991; vgl. auch Hofwiler, Roland: Jugoslawien hat seinen Watergate-Skandal, in: die tageszeitung, 30.1.1991

[5] Ihlau, Olaf: Der alte Dämon vergiftet die Seelen, in: Süddeutsche Zeitung, 25.9.1990

[6] Chalupa, Gustav: Kroatien droht der Bürgerkrieg, in: Der Tagesspiegel, 18.10.1990

[7] Das jugoslawische Staatspräsidium stellt Zagreb ein Ultimatum, in: Frankfurter Allgemeine Zeitung, 4.3.1991 – Die FAZ rechnete offenbar auch diejenigen zu den Serben, die sich bei der Volksabstimmung 1991 als »Jugoslawen« deklariert hatten, immerhin mehr als 20 Prozent. 38 Prozent hatten sich als Serben, 30 als Kroaten bezeichnet (Neue Zürcher Zeitung, 5.3.1991)

[8] Schwierige Entwaffnung »Illegaler« in Kroatien, in: Neue Zürcher Zeitung, 14.5.1991

[9] Ströhm, Carl Gustaf: Die ersten Toten, in: Die Welt, 27.6.1991

[10] Milosevic will Abtrünnige ziehen lassen, in: Süddeutsche Zeitung, 8.7.1991

[11] Meier, Viktor: Für Kroatien wird es langsam kritisch, in: Frankfurter Allgemeine Zeitung, 2.8.1991

[12] Lekic, Slobodan: Osijeks Serben hoffen auf Frieden, in: Süddeutsche Zeitung, 10.8.1991

[13] Die Serben Kroatiens als Verlierer, in: Neue Zürcher Zeitung, 17.11.1991

[14] Serben begrüßen kroatischen Staat in Bosnien, in: Süddeutsche Zeitung, 8.7.1992

[15] Mayr, Walter: »Das hier ist altes Ustascha-Land«, in: Der Spiegel, 31/1992

[16] Geheime Vereinbarungen, in: Der Spiegel, 43/1992

[17] Ebenda

[18] Kroatien will in Bosnien militärisch eingreifen, in: Süddeutsche Zeitung, 1.12.1994

[19] Simonitsch, Pierre: Säbelrasseln übertönt die Diplomaten auf leisen Sohlen, in: Frankfurter Rundschau, 11.3.1995

[20] Serbischer Vergeltungsschlag gegen Zagreb, in: Neue Zürcher Zeitung, 3.5.1995

6. Sirenengesang für die »Türken«: Ihr seid doch alle Serben

[1] Serben vertreiben Moslems aus Srebrenica, in: Der Tagesspiegel, 13.7.1995

[2] Küppers, Bernhard: Die Meister des Krieges sind uneins, in: Süddeutsche Zeitung, 3.9.1994

[3] Mayr, Walter: In den Köpfen ist Krieg, in: Der Spiegel, 4/1992

[4] Gesellschaft für bedrohte Völker, Pressemitteilung, 24.3.1995

[5] Heuberger, Valeria: Bosnien-Herzegowina und der Zerfall Jugoslawiens, in: Österreichische Hefte, 2/1994, S. 265ff.

[6] »Jeder haßt hier jeden«, in: Der Spiegel, 4/1993

[7] Serben zu Gebietsabtrennungen bereit, in: Süddeutsche Zeitung, 25.10.1993

[8] Vesovic, Marko: Missionar des Hasses, in: Die Woche, 2.6.1995

[9] Rüb, Matthias: Schrille Töne aus der muslimisch-kroatischen Föderation in Bosnien-Herzegovina, in: Frankfurter Allgemeine Zeitung, 23.1.1995

[10] Bosniens Föderation kommt nicht voran, in: Neue Zürcher Zeitung, 17.3.1995

[11] Zerreissprobe für Bosnien-Herzegowina, in: Neue Zürcher Zeitung, 15.2.1992

[12] Hälfte des Teppichs, in: Der Spiegel, 15/1994

[13] Sträflich mißbraucht, in: Der Spiegel, 17/1994

[14] Ebenda

[15] Binder, David: Alltag in Karadzics Ministaat, in: Die Weltwoche, 26.7.1994

[16] Kugel in den Kopf, in: Der Spiegel, 45/1994

[17] Karadzic verkündet Freilassung der Geiseln. Bonn vertagt Beschluß über Teilnahme an UNO-Mission, in: Süddeutsche Zeitung, 14.6.1995

[18] 650 Blauhelme in ihren Stützpunkten festgesetzt, in: Süddeutsche Zeitung, 22.6.1995

[19] Aus einem Interview der spanischen Zeitung El Pais, zitiert in: Der Tagesspiegel, 17.7.1995

7. Zwei Serben im Bruderkrieg: Karadzic greift nach der Krone

[1] Bosnische Muslime stimmen dem Friedensplan im Prinzip zu, in: Frankfurter Allgemeine Zeitung, 14.7.1994

[2] Rybak, Andrzej: Dr. Seltsams irre Therapie, in: Die Woche, 3.6.1993

[3] Prügel vom Ziehvater, in: Der Spiegel, 32/1994

[4] Mappes-Niediek, Norbert: Erwerbsquelle: Schießen, in: Die Zeit, 4.11.1994

[5] Prügel vom Ziehvater, in: Der Spiegel, 32/1994

[6] Zitiert in: Rüb, Matthias: Ein böser Brief nach Pale, in: Frankfurter Allgemeine Zeitung, 5.8.1994

[7] Ebenda

[8] Libal, Wolfgang: Jetzt tobt ein Machtkampf, in: Die Weltwoche, 4.8.1994

[9] Rüb, Matthias: Ein böser Brief nach Pale, in: Frankfurter Allgemeine Zeitung, 5.8.1994

[10] Glinski, Gerhard von: Zwei Serben im Bruderkrieg, in: Rheinischer Merkur, 12.8.1994

[11] Tiefe serbisch-serbische Risse, in: Neue Zürcher Zeitung, 27.8.1994

[12] Küppers, Bernhard: Karadzic schlägt um sich, in: Süddeutsche Zeitung, 31.5.1995

[13] Herre, Sabine: Auf dem Weg nach Großserbien, in: die tageszeitung, 6.8.1994

[14] Tiefe serbisch-serbische Risse, in: Neue Zürcher Zeitung, 27.8.1994 und Rüb, Matthias: Belgrad setzt seine politische Offensive gegen Bosniens Serben fort, in: Frankfurter Allgemeine Zeitung, 27.8.1994

[15] Tiefe serbisch-serbische Risse, in: Neue Zürcher Zeitung, 27.8.1994

[16] Zitiert in: Colovic, Ivan: Die Mythen des Krieges, in: die tageszeitung, 16.12.1993

[17] Rüb, Matthias: Ein böser Brief nach Pale, in: Frankfurter Allgemeine Zeitung, 5.8.1994

[18] Komödie vorgespielt, in: Der Spiegel, 52/1994

[19] Ebenda
[20] Gersuny, Karl: Die Gegner Milosevics formieren sich, in: die tageszeitung, 22.5.1995

8. Kampf gegen das eigene Volk: Granaten auf den serbischen Widerstand

[1] Sarajevos Serben gegen Karadzic, in: Neue Zürcher Zeitung, 19.11.1994
[2] Wischenbart, Rüdiger: Die Zerstörung des zweiten Jerusalems, in: Der Tagesspiegel, 4.4.1993
[3] Ebenda
[4] Zagrebs Serben zwischen den Fronten, in: Neue Zürcher Zeitung, 8.9.1991
[5] Sarajevos Serben gegen Karadzic, in: Neue Zürcher Zeitung, 19.11.1994
[6] Flottau, Heiko: Den Tod schicken, damit die Feindschaft lebt, in: Süddeutsche Zeitung, 24.6.1992
[7] Lewis, Flora: Die einzige Lösung für Jugoslawien heisst Jugoslawien, in: Die Weltwoche, 23.3.1995
[8] Festhalten Sarajevos am Gesamtstaat, in: Neue Zürcher Zeitung, 13.11.1994
[9] Ustinov, Peter: Wann wird ein Territorium zur Nation?, in: Die Welt, 23.1.1993
[10] Ströhm, Carl Gustaf: Der Westen hielt zu lange am Ideal vom Miteinander fest, in: Die Welt, 5.8.1993
[11] Pläne für Principovo, in: Der Spiegel, 32/1993

9. Größenwahn: Karadzic gegen den Rest der Welt

[1] »Serbien in die Knie zwingen«, in: Der Spiegel, 23/1992
[2] »Jeder haßt hier jeden«, in: Der Spiegel, 4/1993
[3] Karadzic kritisiert Bonn, in: Berliner Zeitung, 28.6.1995
[4] Eiff, Hansjörg: Rückblick auf ein trügerisches Erbe, in: Rheinischer Merkur, 13.8.1993
[5] Die Deutschen rauswerfen, in: Der Spiegel, 21/1995
[6] Beham, Mira: Mythen und Lügen, in: Süddeutsche Zeitung, 2.3.1994 – Bei meinen Recherchen im Zeitungsarchiv des Berliner Otto-Suhr-Instituts bestätigte sich dieser Eindruck. Bei der Sichtung von rund einem Kubikmeter Zeitungsmaterial hat sich in den Meldungen und Artikeln vor allem der Welt und der FAZ keine einzige Schlagzeile gefunden, die die Kroaten als Täter bei Vertreibungen oder Hinrichtungen benannt hätte (Anmerk. des Verfassers).
[7] Ebenda
[8] »Wir werden Serbien total isolieren«, in: Der Spiegel, 3/1993
[9] NATO beginnt am Montag mit Einsatz über Bosnien, in: Süddeutsche Zeitung, 10.4.1993
[10] Neue Zürcher Zeitung, 20.10.1994
[11] Bremer, Hans-Hagen: Paris ist von der Haltung Washingtons zum Bosnien-Krieg enttäuscht, in: Frankfurter Rundschau, 27.1.1994
[12] Nato will bosnischen Serben ein Ultimatum stellen. US-Verteidigungsminister fordert »energische Angriffe«, in: Süddeutsche Zeitung, 23.4.1994
[13] Heath, Edward: Air strikes would mean war, in: The European Times, 8.2.1994

[14] »Unter den russischen Flügel gedrängt«, in: Der Spiegel, 10/1994
[15] Ebenda
[16] »Drohen hilft nicht«, in: Der Spiegel, 3/1994
[17] »Der ganzen Welt egal«, in: Der Spiegel, 16/1994
[18] Schwer überblickbare Lage in Ostbosnien, in: Neue Zürcher Zeitung, 20.4.1994
[19] Zweiter NATO-Luftangriff auf Serben bei Gorazde. Karadzic droht UNO-Personal in Bosnien mit Vergeltung, in: Süddeutsche Zeitung, 12.4.1994
[20] Die Serben beugen sich dem Ultimatum von Nato und Uno, in: Frankfurter Allgemeine Zeitung, 28.4.1994
[21] Bosnische Serben überfallen UNO-Lager bei Sarajevo. Konfiszierte Panzer und Luftabwehrkanone entwendet, in: Süddeutsche Zeitung, 6.8.1994
[22] Nato: Opfer des Krieges?, in: Der Spiegel, 47/1994
[23] Bertram, Christoph: Die Geisel des Balkans, in: Die Zeit, 25.11.1994
[24] Die Uno-Truppen im Visier der Serben, in: Neue Zürcher Zeitung, 25.9.1994
[25] Bertram, Christoph: Die Geisel des Balkans, in: Die Zeit, 25.11.1994
[26] Neue Luftangriffe der Nato in Bosnien, in: Neue Zürcher Zeitung, 25.11.1994
[27] Die ersten Blauhelme verlassen das bedrohte und hungernde Bihac, in: Frankfurter Allgemeine Zeitung, 8.12.1994
[28] Uno-Truppen in der Falle, in: Der Spiegel, 48/1994
[29] Born, Hanspeter: General Sir Michael Rose packt aus, in: Die Weltwoche, 9.2.1995
[30] Gillessen, Günther: Friedensbewahrer mit gebundenem Arm, in: Frankfurter Allgemeine Zeitung, 29.3.1995
[31] Ebenda
[32] Serbische Kampfansage an die Uno, in: Neue Zürcher Zeitung, 24.4.1995
[33] Libal, Wolfgang: Jetzt tobt ein Machtkampf zwischen Serben und Serben, in: Die Weltwoche, 4.8.1994
[34] Rüb, Matthias: Durch die Luftangriffe haben sich UN und Nato abermals geschwächt, in: Frankfurter Allgemeine Zeitung, 29.5.1995
[35] Nato bombardiert serbisches Munitionsdepot. Karadzic reagiert mit Vergeltungsschlägen, in: Süddeutsche Zeitung, 26.5.1995
[36] Karadzic verkündet Freilassung der Geiseln. Bonn vertagt Beschluß über Teilnahme an UNO-Mission, in: Süddeutsche Zeitung, 14.6.1995
[37] Gillessen, Günther: Friedensbewahrer mit gebundenem Arm, in: Frankfurter Allgemeine Zeitung, 29.3.1995
[38] Born, Hanspeter: General Sir Michael Rose packt aus, in: Die Weltwoche, 9.2.1995
[39] UNO behindert unsere Armee, in: Süddeutsche Zeitung, 18.3.1995
[40] Gillessen, Günther: Friedensbewahrer mit gebundenem Arm, in: Frankfurter Allgemeine Zeitung, 29.3.1995
[41] Kenney, George: Sagt endlich die bittere Wahrheit, in: Die Zeit, 9.12.1994
[42] Owen, David: Lob ist nicht zu ernten, in: Die Zeit, 16.6.1995
[43] »Reservat für die Moslems«, in: Der Spiegel, 29/1995
[44] Chalupa, Günther und Israel, Stephan: Nicht resigniert, nur reichlich desillusioniert, in: Der Tagesspiegel, 13.7.1995
[45] »Reservat für die Moslems«, in: Der Spiegel, 29/1995
[46] Ebenda

10. In Treue fest: Karadzic und die Kirche

1 Ivanji, Ivan: Hirten, die den Kämpfern Segen spenden, in: Rheinischer Merkur, 12.8.1994
2 Sklave seiner Schüler, in: Der Spiegel, 5/1995
3 Reißmüller, Johann Georg: »Den christlichen Grundsätzen treu geblieben«, in: Frankfurter Allgemeine Zeitung, 27.6.1992
4 Bremer, Thomas: Warum die serbische Kirche an einen Verteidigungskrieg glaubt, in: Frankfurter Rundschau, 21.5.1993
5 Deschner, Karlheinz: Die Politik der Päpste im 20. Jahrhundert, Band 2, Reinbek 1991; darin das Kapitel: Katholische Schlachtfeste in Kroatien oder »Das Reich Gottes«, S. 210ff.
6 Telefoninterview Januar 1993, Mitschrift beim Verfasser
7 Bischof: Serben haben Pflicht zu töten, in: Süddeutsche Zeitung, 28.8.1992
8 Kopp, Eduard: Zuerst sind sie Serben und dann Christen, in: Deutsches Allgemeines Sonntagsblatt, 8.1.1993
9 Nato: Opfer des Krieges?, in: Der Spiegel, 47/1994
10 Ebenda
11 Telefoninterview Januar 1993, Mitschrift beim Verfasser
12 Reißmüller, Johann Georg: »Den christlichen Grundsätzen treu geblieben«, in: Frankfurter Allgemeine Zeitung, 27.6.1992
13 Eine letzte Chance für Bosnien?, in: Neue Zürcher Zeitung, 8.7.1994
14 Thumann, Michael: Kampf um das Gemüt der Serben, in: Die Zeit, 18.11.1994
15 Achilles im Savetal, in: Der Spiegel, 33/1994
16 Sarajevos Serben gegen Karadzic, in: Neue Zürcher Zeitung, 19.11.1994
17 Zitiert in: Vesovic, Marko: Missionar des Hasses, in: Die Woche, 2.6.1995
18 Mappes-Niediek, Norbert: Das Böse an ihm ist das Gewöhnliche, in: Berliner Zeitung, 3.6.1995

11. Einheit oder Tod: Zum Siegen verdammt

1 Bosnische Serben vor Großoffensive, in: die tageszeitung, 1.2.1994
2 Binder, David: Alltag in Karadzics Ministaat, in: Die Weltwoche, 26.7.1994
3 Thalberg, Jacqueline: Er war ein Psychiater. Jetzt führt er Krieg, in: Hamburger Abendblatt, 20.10.1992
4 Pirocanac, Zoran: Wann ist ein Friede für Sie akzeptabel?, in: Junge Welt, 18.4.1995 (Übersetzung eines Interviews aus der Evropske Novosti)
5 Ebenda
6 Ebenda
7 »Die Deutschen rauswerfen«, in: Der Spiegel, 21/1995
8 Wohlstetter, Albert: Wie man ein Groß-Serbien schafft, in: Frankfurter Allgemeine Zeitung, 9.9.1994
9 Duve, Freimut: Bantustan in Europa, in: die tageszeitung, 21.9.1993
10 Flottau, Heiko: Den Tod schicken, damit die Feindschaft lebt, in: Süddeutsche Zeitung, 24.6.1992
11 Letzte Reise, in: Der Spiegel, 27/1995
12 Heller, Edith: Im Dienst der Menschenrechte, in: Der Tagesspiegel, 28.7.95
13 Thumann, Michael: Volles Risiko, in: Die Zeit, 28.7.1995
14 Chalupa, Günther: Kroaten melden Offensive gegen Serben, in: Der Tagesspiegel, 27.7.1995
15 Mein Dank gilt den Kollegen des Pressearchivs beim Otto-Suhr-Institut der Freien Universität Berlin. (Anmerkung des Verfassers)

Weiterführende Literatur

Balic, Smail: Das unbekannte Bosnien. Europas Brücke zur islamischen Welt. Köln 1992

Benard, Cheryl; Schlaffer, Edit: Vor unseren Augen. Der Krieg in Bosnien – ... und die Welt schaut weg. München 1993

Bittermann, Klaus (Hrsg.): Serbien muß sterbien. Berlin 1994

Dor, Milo: Leb wohl, Jugoslawien. Protokolle eines Zerfalls. Essays und Gespräche 1991–1993. Salzburg 1993

Enzensberger, Hans M.: Aussichten auf den Bürgerkrieg. Frankfurt/M. 1994

Filipovic, Zlata: Ich bin ein Mädchen aus Sarajevo. Tagebuch eines 11jährigen Mädchen in Sarajevo während des Krieges. Bergisch-Gladbach 1994

Fritzler, Marc: Stichwort: Bosnien. München 1994

ders.: Stichwort: Das ehemalige Jugoslawien. München 1993

Furkes, Josip; Schlarp, Karl-Heinz: Jugoslawien – ein Staat zerfällt. Reinbek 1991

Geiss, Imanuel: Der Jugoslawienkrieg. Frankfurt/M. 1994

Gelhard, Susanne: Ab heute ist Krieg. Der blutige Konflikt im ehemaligen Jugoslawien. Frankfurt/M. 1994

Glenny, Misha: Jugoslawien. Der Krieg, der nach Europa kam. München 1993

Grotzky, Johannes: Balkankrieg. Zerfall Jugoslawiens und die Folgen für Europa. München 1993

Gutman, Roy: Augenzeuge des Völkermords. Reportagen aus Bosnien. Göttingen 1994

Heuberger, Valeria; Ilming, Heinz: Alte Ansichten vom gelungenen Zusammenleben. Wien 1994

Hösch, Edgar: Geschichte der Balkanländer. München 1993

(N.N.) Ich träume vom Frieden. Bilder vom Krieg aus dem ehemaligen Jugoslawien. München 1994

Köpf, Peter: Stichwort: Osteuropa – Völker und Staaten. München 1994

Libal, Wolfgang: Das Ende Jugoslawiens. Chronik einer Selbstzerstörung. Wien/Zürich 1991

Reißmüller, Johann Georg: Die bosnische Tragödie. Stuttgart 1993

Sherman, Arnold: Die Zerschlagung Jugoslawiens. Bürgerkrieg und ausländische Intervention. Freiburg 1994

Weithmann, Michael W.: Krisenherd Balkan. Ursprünge und Hintergründe des aktuellen Konflikts. München 1992

Zülch, Tilman (Hrsg.): »Ethnische Säuberung«. Völkermord für »Großserbien«. Eine Dokumentation der Gesellschaft für bedrohte Völker. Frankfurt/M. 1993

Grafikverzeichnis